BUR

Biblioteca Universale Rizzoli

I HAVE A DREAM

a cura di
DAVID BIDUSSA

pillole BUR

ISBN 88-17-01101-0

Prima edizione pillole BUR: aprile 2006

I testi di Roosevelt, Sadat, Rabin, Arafat, Wilson sono tradotti da Massimo Gardella.
Il testo di Allende è tradotto da Valeria Geninazza.

Dopo aver fatto tutte le ricerche richieste dal caso di questa raccolta antologica, l'Editore si dichiara a disposizione degli aventi diritto per la traduzione.

Emancipate yourselves from mental slavery
None but ourselves can free our minds
Have no fear for atomic energy
*Cause none of them can stop the time.**

Bob Marley, *Redemption Song*

*Liberatevi dalla schiavitù mentale / Solo noi stessi possiamo liberare le nostre menti / Non temete l'energia atomica / Perché nessuno può fermare il tempo.

IL SOGNO POLITICO

In questa raccolta di testi, che hanno come comun denominatore il sogno politico, il protagonista è il Novecento. Un secolo che ancora ci risulta difficile inquadrare, e da cui siamo usciti cronologicamente (altra questione se ne siamo usciti culturalmente e mentalmente) allo stesso tempo con sollievo e con timore. Una condizione molto diversa da quella che, cento anni prima, aveva contrassegnato l'ingresso nel XX secolo. Non che anche allora non vi fossero ansie o preoccupazioni, ma queste si collocavano dentro uno scenario che lasciava aperte possibilità, pur con molte incertezze [Lyttelton 1997].

All'alba del 1900, insieme al timore che il nuovo secolo segnasse il trionfo della cultura materiale e che la società ordinata fosse ormai perduta, stava anche l'auspicio che si potesse produrre un cambiamento. L'attesa è per una nuova apocalisse, segnata dall'avvento della tecnica come elemento destabilizzatore e travolgente (è il sogno dei futuristi), oppure della folla che muove la storia (è il linguaggio di D'Annunzio). Una dimensione che nel corso del secolo si ripropone con i «mille fuochi» di Guevara e a cui per certi aspetti si accompagna il sogno della dignità che propone Allende. Comune a tutti loro non è lo stesso sogno, anzi. Ma è comune e condivisa la condizione e la retorica della comunicazione: trasmettere con un'immagine la possibilità di sollevare e riscrivere il presente. Più precisamente: scriverne uno diverso, non solo per sé. Il loro profilo comune è quello di suscitare un sogno.

Questa condizione, tuttavia, non sempre esplicita se stessa. Perché il sogno avesse la possibilità di uno spazio pubblico doveva riconoscersi come tale. Avere contemporaneamente un radicamento nella realtà eppure rompere drasticamente con le costrizioni che la realtà stessa impone. La comunicazione del sogno è prima di tutto una retorica, la creazione di un ambiente, la percezione di un'emozione e l'immaginazione di un luogo. Martin Luther King e John Lennon sono i codificatori di questa condizione. È per questo che aprono l'antologia. Certo, i due temi a cui si richiamano – l'eguaglianza dei diritti e la pace – costituiscono due punti essenziali della lunga lotta politica e dell'impegno civile di molti soggetti nel Nord come nel Sud del mondo nell'età contemporanea. Tuttavia non è solo per questo che sono all'inizio. In un qualche modo individuano uno scenario o una precondizione perché il sogno possa andare oltre se stesso. Allo stesso titolo non è casuale la chiusura di questa antologia con il testo del discorso di Woodrow Wilson. Di nuovo si potrebbe osservare che è il Novecento ad essere il protagonista del nostro ragionamento. Un secolo le cui scene iniziali sono le distese di morti delle trincee della Prima guerra mondiale. Un secolo da cui nasce la rivendicazione di un luogo collettivo dove rendere percorribile e perseguibile la vecchia idea kantiana della pace universale e che ancora oggi si trova a dover fare i conti con un contenitore che a stento riesce a garantire se stesso. Se nelle parole che Wilson pronuncia a Parigi – gennaio 1919 – nelle giornate della conferenza di pace si annuncia il sogno di un progetto cosmopolitico non è improprio osservare come ancora quel sogno attenda una qualche via di realizzazione e di consolidamento.

È ancora la retorica intesa come parole, suoni, modularità della voce, luoghi e spazi dove quelle parole e quei suoni acquistano significati particolari a costituire gli ingredienti del sogno politico.

È questa retorica a dare senso alle parole del «sogno del riscatto». Che cos'è il riscatto? È la possibilità di riprendere in mano il proprio futuro sapendo di partire svantaggiati. Anzi, trasformare questa condizione – che significativamente nessuno di coloro che prendono la parola in pubblico nega – di sconfitta, di sentirsi «ultimi», di «scacco», in cui la parola «domani» sembra espunta dal vocabolario, in condizione preliminare che rende legittimo e fondato il sogno.

In nessuno dei testi che qui abbiamo scelto esemplarmente, e che rappresentano molte condizioni umane, c'è la promessa che domani andrà meglio. Ma c'è la responsabilità di decidere *ora* sulla possibilità che inizi un nuovo ciclo. Né la chiamata alla lotta radicale (Malcolm X), né l'esposizione delle proprie ragioni, né la tranquillità della mobilitazione (Gandhi), né le parole dure nel momento della solitudine e dello sconforto (Winston Churchill), né, infine, l'investimento sulla quotidianità condivisa di un nuovo inizio possibile (Roosevelt) garantiscono un domani certo. L'elemento che li accomuna è la percezione che solo la decisione del soggetto investito e scosso dal sogno di mettersi in movimento, di decidere, modificherà la realtà presente. Il sogno così non è lo scenario compiuto di un intero ciclo. Non è il futuro, ma è la condizione perché a partire dal presente inizi a prendere corpo un domani diverso. In un qualche modo il sogno in questo scenario è un richiamo alla responsabilità. Richiede un atto.

Diversa e per certi aspetti opposta è la dimensione che qui abbiamo indicato come «il sogno della pace e della concordia». Che cos'è il sogno della pace? Non è la raffigurazione di uno scenario pacificato e privo di conflitti. È invece la presa d'atto della radicalità dei conflitti e della necessità di superarli avendo consapevolezza che la loro vicenda non è il risultato di un malinteso o di una incomprensione. La pace e la concordia non sono il risultato di un processo naturale. Sono la conseguenza di uno «scarto» rispetto al corso naturale consolidato delle cose. Perciò chiedono che qualcosa muti nel presente e nel futuro sulla base del compimento di un atto. A differenza del riscatto non chiedono che si faccia qualcosa, ma comunicano che qualcosa si è fatto e che è irreversibile o che se verrà rovesciato semplicemente ciò accadrà perché quel sogno si è infranto e dunque altri sogni andranno proposti per raggiungere l'obiettivo.

La premessa di tutti gli interventi ricompresi in questa parte è la comunicazione di uno strappo. Talora questo strappo è comunicato con dolore e non senza lacerazioni. Così, per esempio, in forma differente Rabin e Arafat nei loro discorsi portano sul tavolo, ciascuno per la sua parte, il peso di una tragedia che non intendono né dimenticare né accantonare. Oppure vige la consapevolezza della strada lunga e tortuosa. Tanto Sakharov come Havel ricordano quanta strada ci sia da percorrere perché un'altra Europa sia possibile, ma entrambi hanno la percezione che la presa in pubblico della parola sia un atto non cancellabile dal potere che li ha a lungo oppressi.

Indietro dunque non si torna. In forma diversa, nelle parole apparentemente semplici, «quotidiane», di Giovanni XXIII, alla fine della giornata di apertura del Concilio Vaticano II, una giornata storica per la Chiesa contemporanea, si comunica la fermezza e la serenità di una condizione di partenza. A un altro Papa è toccato misurarsi con quella decisione. In una dimensione esemplare, di solitudine. Nelle parole, ma ancor più nei gesti che accompagnano Giovanni Paolo II nella sinagoga di Roma ci sono molti passaggi che si potrebbero discutere. Certamente in quella scena si compie un atto che elimina la possibilità di revoca.

È lo scenario talora che rende irreversibile quella scelta. Tanto Kennedy come Sadat avrebbero potuto pronunciare la loro affermazione di principio in un qualsiasi luogo. La scelta del luogo non è però indifferente. Davanti al muro di Berlino le parole di Kennedy sono una promessa a «non dimenticare»; quelle di Sadat nella solennità del momento e nell'emozione di trovarsi al parlamento israeliano assumono un significato e un valore diverso. Per il loro uditorio, il fatto di ascoltarli *pro-*

prio lì produce l'effetto tipico degli eventi singolari e perciò eccezionali. Ci sono scene che non prefigurano futuri già scritti, ma comunicano che per essere scritti quei futuri possibili hanno bisogno di gesti. Non solo. Hanno anche bisogno che si dia un sistema-mondo in grado di accoglierli. In questo senso il sogno politico è una condizione culturale ed emozionale strutturalmente novecentesca. Vorrei precisare perché.

È nel Novecento che il sogno politico – ovvero la comunicazione pubblica non di un progetto compiuto ma di un desiderio e di un incitamento – diviene possibile. Non che in epoche precedenti l'umanità non abbia sognato. Il sogno politico, tuttavia, non è l'enunciazione di un desiderio irraggiungibile. È il modo attraverso il quale un desiderio e un auspicio si presentano come legittimi. Perché questo accada occorrono varie condizioni. La percezione che la storia possa cambiare e che niente sia iscritto nella storia come ineluttabile, meccanico, destinato. La possibilità di parlare e che contemporaneamente un evento e una parola acquistino spazio pubblico e diano luogo a un linguaggio condiviso. Affinché questo accada occorrono due condizioni: riproducibilità e simultaneità. Perché un sogno politico comunichi la sua carica o indichi lo strappo rispetto al presente deve interessare e coinvolgere globalmente il sistema-mondo. Ovvero il fatto che la figura in cui s'incarna quel sogno (fotografie, parole, musiche, suoni, voci, ecc.) sia riproducibile e dunque possa essere riproposta, accolta e appropriata anche da altri che non erano *lì* dove la scena del sogno avveniva. Il sogno così non è solo un contenuto. È un'emozione ed è la possibilità di condividerlo. Può avere molteplici supporti e costruirsi attraverso molti registri. Ma la sua condizione è che vi sia emozione collettiva anche oltre i protagonisti della scena fisicamente presenti nella scena. In questo senso è una condizione del Novecento. Un secolo che dal punto di vista della comunicazione condivisa è compreso tra l'affondamento del *Titanic* e l'immagine di tutto il pianeta ad occhi spalancati a guardare in video il crollo delle Twin Towers.

Chiediamoci: con quella scena si è definitivamente chiusa la porta del sogno? Forse, ma vorrei sottolineare almeno due aspetti. Il primo riguarda le facili sovrapposizioni che si sono definite sulla dimensione del sogno; il secondo riguarda quanto spazio oggi ci sia ancora per il sogno.

Nel linguaggio corrente, visione, sogno, proiezione nel futuro, utopia spesso coincidono. La condizione della fine dell'utopia ha fatto credere e pensare che la possibilità di immaginare il dopo, di dare forma a un altro domani, fosse definitivamente tramontata con il crollo del muro di Berlino. Sogno da allora è sembrato essere l'opposto rispetto a una condizione di realismo politico. Tornerò più avanti su questa questione. Adesso mi preme chiarire che il sogno non si definisce come una fuga dalla realtà né come la sua negazione o la proiezione in un mondo che non c'è. Il sogno in politica è una sfida a forzare in un punto quello che appare come un vincolo, come un obbligo nella realtà e nella quotidianità. Si può essere realisti e sognare.

Intanto, cos'è il sogno nella comunicazione pubblica? Lo potremmo definire brevemente come la raffigurazione di una situazione o di una condizione che si presenta come scarto rispetto alla condizione presente. È una scena che si proietta in avanti ma che vive nel presente, ha bisogno del presente. Nel sogno politico non c'è alcuna proiezione fantastica né alcuna contrapposizione con la quotidianità. Non c'è la rivendicazione di un mondo rovesciato o l'instaurazione di un altro tempo. Il sogno politico è varie cose: è una retorica comunicativa; è la costruzione di una visione condivisa e, soprattutto, di un'emozione partecipata; è la possibilità di individuare in uno strumento, in un gesto, in un atto un interstizio del presente attraverso il quale far passare l'azione umana e modificare il quadro dato.

A differenza dell'utopia, il sogno non è un disegno compiuto organizzato in ogni sua parte. Mentre l'utopia si presenta come «una composizione di istituzioni immaginarie, un modello al quale potrebbero paragonarsi le società esistenti, al fine di misurare il bene e il male che comportano» [Baczko 1981] fino a confondersi e a sovrapporsi con la ricerca di una condizione paradisiaca, con l'auspicio che giunga a compimento e dunque si esaurisca la storia, il sogno è solo una precondizione dell'agire individuale e collettivo e presume che ancora ci sia la storia. Non si tratta di abolirla né di considerare che essa abbia un senso di marcia precostituito. Proprio perché i fatti della storia, presi a sé, non implicano nulla che tocchi le nostre scelte e le nostre decisioni, e dunque la responsabilità per queste ultime, ecco che questo costituisce la condizione essenziale perché si produca un'azione nella storia. Perché questa si dia è necessario il sogno, ovvero la definizione di un atto di volontà che considera la possibilità di intervenire sulla storia, di non considerare che si dia una forza malefica o deviata che controlla i nostri destini, un dio nascosto che dirige gli eventi. Cambiare si può. Perché questo avvenga occorre promuovere emozioni, suscitare passioni, considerarne le conseguenze e misurarne gli effetti.

Il sogno politico, dunque, è essenzialmente un atto, non è un disegno compiuto e organico, condizione quest'ultima propria dell'utopia cui è essenziale una dimensione di progetto e d'organicità.

C'è una condizione storica in cui questa possibilità può essere annichilita dal presente? Più esplicitamente: la stagione del sogno politico è finita con il crollo delle Twin Towers? Davvero la scena dell'11 settembre 2001 ha archiviato definitivamente la possibilità del sogno? Si può ancora sognare dopo quello che abbiamo visto?

Alle soglie del passaggio del secolo è sembrato che la fine del Novecento fosse arrivata in anticipo. Nell'età del dopo-Muro che qualcuno ha chiamato inizio dell'«età post-ideologica», molti si sono convinti che non fosse più necessario sognare, ma solo vivere e, lentamente, progredire. Per quanto nessuno l'abbia detto e nell'apparenza di una condizione di modestia, questa è stata forse la massima espressione della volontà di potenza.

L'11 settembre interrompe una fiducia nel futuro e

distrugge l'immagine di consolazione che molti si erano costruiti lungo il decennio precedente inaugurato con un altro crollo: quello del muro di Berlino. Tuttavia, mentre il 9 novembre 1989 è stato un evento celebrativo e narcisistico, l'11 settembre è stato l'evento che in maniera radicalmente opposta e speculare ci ha mandato a dire che non eravamo nel migliore dei mondi possibili. Per comprenderlo si trattava di guardare i processi in atto di morte collettiva, di strage, di disagio. La storia non è finita e noi ne facciamo parte. Credere che davanti a noi stia un normale processo di crescita, è un errore. Altri scarti, svolte, imprevisti e sorprese ci aspettano.

Non ci si dimette dalla storia, e neppure si può dichiararla chiusa a proprio piacimento. Qualcuno ha tentato di farlo; c'è stato perfino chi l'ha teorizzato [Fukuyama 1992]. L'11 settembre del 2001, alle ore 8,48 circa del mattino (ora di New York), quell'illusione è finita: la storia c'era anche per noi e la vacanza era terminata. Tuttavia proprio la riapertura della storia implica che si riapra la partita del sogno, una condizione che presume appunto la consapevolezza che niente è ineluttabile o già scritto. E, soprattutto, che ci sia infelicità. Che per raggiungere una qualche terra promessa occorra uscire da una condizione di schiavitù e di malessere e provare a cambiare. Il sogno, infatti, non è il frutto di una condizione pacificata. È l'indicatore di un malessere, di un'inquietudine che cerca vie di miglioramento e prova a battere strade alternative al proprio presente. Che è consapevole che niente verrà da solo. Che bisogna metterci del «proprio». Non solo crederci, ma rischiare.

PER I TESTI RICHIAMATI IN QUESTA INTRODUZIONE:

BACZKO, BRONISLAW, *Utopia*, in *Enciclopedia*, Einaudi, Torino 1981, pp. 856-920.

FUKUYAMA, FRANCIS, *The End of History and the Last Man*, Free Press, New York 1992 (tr. it. *La fine della storia e l'ultimo uomo*, Rizzoli, Milano 1992).

LYTTELTON, ADRIAN, *Il secolo che nasce: profezie e previsioni*, in *Novecento. I tempi della storia*, a cura di Claudio Pavone, Donzelli, Roma 1997, pp. 57-67.

BIBLIOGRAFIA

Allende, Salvador, *El Cobre de Chile es ahora cileno*, discorso del presidente Allende in occasione del Giorno della Dignità nazionale, Rancagua, 11 luglio 1971.

Arafat, Yassir-Rabin, Ytzhak, *Discorsi alla Casa Bianca*, 13 settembre 1993, dal sito internet http://electronicintifada.net/bytopic/historicalspeeches/99.html.

Churchill, Winston, *In guerra. Discorsi pubblici e segreti*, Rizzoli, Milano 1948.

D'Annunzio, Gabriele, *Scritti politici*, Feltrinelli, Milano 1980.

Gandhi, Mohandas K., *Teoria e pratica della non violenza*, Einaudi, Torino 1981.

Giovanni XXIII, *Discorso alla luna*, 11 ottobre 1962, dal sito internet www.giovaniemissione.it/testimoni/papa23luna.htm.

Giovanni Paolo II, *Discorso alla Sinagoga di Roma*, 13 aprile 1986, dal sito internet www.nostreradici.it/papa_sinag.htm.

Guevara, Ernesto *Che*, *Opere*, vol. II, *Le scelte di una vera rivoluzione,* Feltrinelli, Milano 1969.

Havel, Václav, *Elogio della pazzia*, da «Lettera internazionale», Anno 4, Numero 12, Aprile-Giugno 1987.

Kennedy, John F., *Discorso a Berlino*, 26 giugno 1963, dal sito internet www.il-sestante.it/Pagine%20storia%20soc%20cult/Soc_Kennedy.htm.

King, Martin Luther, *Io ho un sogno. Scritti e discorsi che hanno cambiato il mondo*, Società Editrice Internazionale (SEI), Torino 1993.

Malcolm X, *Programma fondamentale dell'organizzazione per l'unità afroamericana*, in Breitmann, George, *Malcolm X. L'uomo e le idee*, Erre Emme Editore, Roma 1993.
Mandela, Nelson, *La violenza e la legge*, manifestolibri, Roma 1995.
Marinetti, Filippo Tommaso, *Teoria e invenzione futurista*, Mondadori, Milano 1968.
Roosevelt, Franklin D., *Discorso sul New Deal*, dal sito internet www.mhrcc.org/fdr/fdr.html.
Sadat, Anwar al-, *Discorso al parlamento israeliano (Knesseth)*, 20 novembre 1977, dal sito internet www.ibiblio.org/sullivan/docs/Knesset-speech.html.
Sakharov, Andrei D., *Progresso, coesistenza e libertà intellettuale*, Bompiani, Milano 1970.
Wilson, Thomas Woodrow, *The Wilson Reader*, Oceana Publications, New York 2000.

LA RETORICA DEL SOGNO

... You may say I'm a dreamer,
but I'm not the only one,
I hope some day you'll join us,
*And the world will live as one ...**

John Lennon, *Imagine*

* Puoi anche dire che sono un sognatore, / ma non sono l'unico, / Spero un giorno tu ci raggiunga, / e il mondo allora sarà una cosa sola.

Martin Luther King
(1929-1968)

Questo è il testo che più di ogni altro ha costruito la retorica del sogno. Martin Luther King lo pronuncia a Washington, al Lincoln Memorial, il 28 agosto 1963, durante la marcia per i diritti civili in occasione del centenario della firma del Proclama sull'Emancipazione da parte di Abraham Lincoln.

Sono felice di unirmi a voi oggi, in questa che passerà alla storia come la più grande dimostrazione per la libertà nella storia del nostro paese.

Cento anni fa un grande americano, alla cui ombra ci leviamo oggi, firmò il Proclama sull'Emancipazione. Questo fondamentale decreto arrivò come un grande faro di speranza per milioni di schiavi negri che erano stati bruciati dal fuoco dell'avida ingiustizia. Arrivò come un'alba radiosa a porre termine alla lunga notte della cattività.

Ma cento anni dopo, il negro ancora non è libero; cento anni dopo, la vita del negro è ancora purtroppo paralizzata dai ceppi della segregazione e dalle catene della discriminazione; cento anni dopo, il negro ancora vive su un'isola di povertà solitaria in un vasto oceano di prosperità materiale; cento anni dopo, il negro langue ancora ai margini della società americana e si trova esiliato nella sua stessa terra.

Per questo siamo venuti qui, oggi, per rappresentare la nostra condizione vergognosa. In un certo senso siamo venuti nella capitale del paese per incassare un assegno. Quando gli architetti della repubblica scrissero le sublimi parole della Costituzione e la Dichiarazione di Indipendenza, firmarono un «pagherò» del quale ogni americano sarebbe diventato erede. Questo «pagherò» prometteva che tutti gli uomini, sì, i negri tanto quanto i bianchi, avrebbero goduto dei principi inalienabili della vita, della libertà e del perseguimento della felicità.

È ovvio, oggi, che l'America è venuta meno a questo «pagherò» per ciò che riguarda i suoi cittadini di colore. Invece di onorare questo suo sacro obbligo, l'America ha consegnato ai negri un assegno fasullo; un assegno che si trova compilato con la frase: «fondi insufficienti». Noi ci rifiutiamo di credere che i fondi siano insufficienti nei grandi *caveaux* delle opportunità offerte da questo paese. E quindi siamo venuti per incassare questo assegno, un assegno che ci darà, al momento della presentazione, le ricchezze della libertà e della garanzia di giustizia.

Siamo anche venuti in questo santuario per ricordare all'America l'urgenza appassionata dell'oggi. Questo non è il momento in cui ci si possa permettere che le cose si raffreddino o che si trangugi il tranquillante del gradualismo. Questo è il momento di realizzare le promesse della democrazia; questo è il momento di levarsi dall'oscura e desolata valle della segregazione al sentiero radioso della giustizia; questo è il momento di elevare la nostra nazione dalle sabbie mobili dell'ingiustizia razziale alla solida roccia della fratellanza; questo è il tempo di rendere vera la giustizia per tutti i figli di Dio. Sarebbe la fine per questa nazione se non valutasse appieno l'urgenza del momento. Questa estate soffocante della legittima impazienza dei negri non finirà fino a quando non sarà stato raggiunto un tonificante autunno di libertà ed eguaglianza.

Il 1963 non è una fine, ma un inizio. E coloro che sperano che i negri abbiano bisogno di sfogare un poco le loro tensioni e poi se ne staranno appagati, avranno un cattivo risveglio, se il paese riprenderà a funzionare come se niente fosse successo.

Non ci sarà in America né riposo né tranquillità fino a quando ai negri non saranno stati concessi i loro diritti di cittadini. I turbini della rivolta continueranno a scuotere le fondamenta della nostra nazione fino a quando non sarà giunto il giorno luminoso della giustizia.

Ma c'è qualcosa che debbo dire alla mia gente che si trova qui sulla tiepida soglia che conduce al palazzo della giustizia. In questo nostro procedere verso la giusta mèta non dobbiamo macchiarci di azioni ingiuste.

Cerchiamo di non soddisfare la nostra sete di libertà bevendo alla coppa dell'odio e del risentimento. Dovremo per sempre condurre la nostra lotta dal piano alto della dignità e della disciplina. Non dovremo permettere che la nostra protesta creativa degeneri in violenza fisica. Dovremo continuamente elevarci alle maestose vette di chi risponde alla forza fisica con la forza dello spirito.

Questa meravigliosa nuova militanza che ha interessato la comunità negra non dovrà condurci a una mancanza di fiducia in tutta la comunità bianca, perché molti dei nostri fratelli bianchi, come prova la loro presenza qui oggi, sono giunti a capire che il loro destino è legato al nostro destino, e sono giunti a capire che la loro libertà è inestricabilmente legata alla nostra libertà. Questa offesa che ci accomuna, e che si è fatta tempesta per le mura fortificate dell'ingiustizia, dovrà essere combattuta da un esercito di due razze. Non possiamo camminare da soli.

E mentre avanziamo, dovremo impegnarci a marciare sempre in avanti. Non possiamo tornare indietro. Ci sono quelli che domandano a coloro che rivendicano i diritti civili: «Quando vi riterrete soddisfatti?». Non saremo mai soddisfatti finché il negro sarà vittima degli indicibili orrori a cui viene sottoposto dalla polizia.

Non potremo mai essere soddisfatti finché i nostri corpi, stanchi per la fatica del viaggio, non potranno trovare alloggio nei motel, sulle strade e negli alberghi delle città. Non potremo essere soddisfatti finché gli spostamenti sociali davvero permessi ai negri saranno da un ghetto piccolo a un ghetto più grande.

Non potremo mai essere soddisfatti finché i nostri figli saranno privati della loro identità e derubati della loro dignità da cartelli che dicono: «Riservato ai bianchi». Non potremo mai essere soddisfatti finché i negri del Mississippi non potranno votare e i negri di New York crederanno di non avere nulla per cui votare. No, non siamo ancora soddisfatti, e non lo saremo finché la giustizia non scorrerà come l'acqua e il diritto come un fiume possente.

Non ho dimenticato che alcuni di voi sono giunti qui dopo enormi prove e tribolazioni. Alcuni di voi sono venuti appena usciti dalle anguste celle di un carcere. Alcuni di voi sono venuti da zone dove la domanda di libertà vi ha lasciati percossi dalle tempeste della persecuzione e intontiti dalle raffiche delle brutalità della polizia. Siete voi i veterani della sofferenza creativa. Continuate a operare con la certezza che la sofferenza immeritata è redentrice.

Ritornate nel Mississippi; ritornate in Alabama; ritornate nel South Carolina; ritornate in Georgia; ritornate in Louisiana; ritornate ai vostri quartieri e ai ghetti delle città del Nord sapendo che in qualche modo questa situazione può cambiare, e cambierà. Non lasciamoci sprofondare nella valle della disperazione.

E perciò, amici miei, vi dico che, anche se dovrete affrontare le difficoltà di oggi e di domani, io ho sempre davanti a me un sogno. È un sogno profondamente radicato nel sogno americano, che un giorno questa nazione si leverà in piedi e vivrà fino in fondo il senso delle sue convinzioni: noi riteniamo ovvia questa verità, che tutti gli uomini sono creati uguali.

Io ho davanti a me un sogno, che un giorno sulle rosse colline della Georgia i figli di coloro che un tempo furono schiavi e i figli di coloro che un tempo possedettero schiavi sapranno sedere insieme al tavolo della fratellanza.

Io ho davanti a me un sogno, che un giorno perfino lo stato del Mississippi, uno stato colmo dell'arroganza dell'ingiustizia, colmo dell'arroganza dell'oppressione, si trasformerà in un'oasi di libertà e di giustizia.

Io ho davanti a me un sogno, che i miei quattro figli piccoli vivranno un giorno in una nazione nella quale non saranno giudicati per il colore della loro pelle, ma per le qualità del loro carattere. Ho davanti a me un sogno, oggi!

Io ho davanti a me un sogno che un giorno, in Alabama, con i suoi malvagi razzisti, con il suo governatore dalle cui labbra provengono parole di veto e soppressione, che un giorno, proprio qui in Alabama, i ragazzini negri e le ragazzine negre sapranno unire le mani con i ragazzini bianchi e le ragazzine bianche come se fossero fratelli e sorelle. Ho davanti a me un sogno, oggi!

Io ho davanti a me un sogno, che un giorno ogni valle sarà esaltata, ogni collina e ogni montagna saranno umiliate, i luoghi scabri saranno fatti piani e i luoghi tortuosi saranno raddrizzati e la gloria del Signore si mostrerà e tutti gli esseri viventi, insieme, la vedranno. È questa la nostra speranza. Questa è la fede con la quale io mi avvio verso il Sud.

Con questa fede saremo in grado di strappare alla montagna della disperazione una pietra di speranza. Con questa fede saremo in grado di trasformare le stridenti discordie della nostra nazione in una bellissima sinfonia di fratellanza.

Con questa fede saremo in grado di lavorare insieme, di pregare insieme, di lottare insieme, di andare insieme in carcere, di difendere insieme la libertà, sapendo che un giorno saremo liberi. Quello sarà il giorno in cui tutti i figli di Dio sapranno cantare con significati nuovi: paese mio, di te, dolce terra di libertà, di te io canto; terra dove morirono i miei padri, terra orgoglio del pellegrino, da ogni pendice di montagna risuoni la libertà; e se l'America vuole essere una grande nazione possa questo accadere.

Risuoni quindi la libertà dalle cime prodigiose del New Hampshire.

Risuoni la libertà dalle poderose montagne dello stato di New York.

Risuoni la libertà dagli alti Allegheny della Pennsylvania.

Risuoni la libertà dalle Montagne Rocciose del Colorado, imbiancate di neve.

Risuoni la libertà dai dolci pendii della California.

Ma non soltanto.

Risuoni la libertà dalla Stone Mountain della Georgia.

Risuoni la libertà dalla Lookout Mountain del Tennessee.

Risuoni la libertà da ogni monte e monticello del Mississippi. Da ogni pendice risuoni la libertà.

E quando lasciamo risuonare la libertà, quando le permettiamo di risuonare da ogni villaggio e da ogni borgo, da ogni stato e da ogni città, acceleriamo anche quel giorno in cui tutti i figli di Dio, neri e bianchi, ebrei e gentili, cattolici e protestanti sapranno unire le mani e cantare con le parole del vecchio *spiritual*: «Liberi finalmente, liberi finalmente; grazie Dio Onnipotente, siamo liberi finalmente».

IL SOGNO DEL RISCATTO

... There's a battle outside,
And it's ragin'.
It'll soon shake your windows
And rattle your walls
*For the times they are a-changin'...**

Bob Dylan (Pete Seeger),
The Times They Are A-Changin'

* C'è una battaglia là fuori / che sta infuriando. / Presto scuoterà le vostre finestre / e farà tremare i vostri muri / perché i tempi stanno cambiando.

Mohandas K. Gandhi
(1869-1948)

Questo è il celebre discorso tenuto da Gandhi all'inizio della marcia del sale (20 marzo 1930), ovvero l'atto di estrarre acqua dal mare e trasformarla in sale, come forma di protesta contro la tassa sul sale imposta dall'amministrazione inglese. È l'iniziativa che segna l'affermazione collettiva della pratica della lotta non violenta e della disobbedienza civile. Il Pandit Jawaharlal che Gandhi nomina nel suo discorso è Nehru (1889-1964), leader politico del movimento del Congresso nazionale indiano, il movimento politico per l'indipendenza dell'India.

Con tutta probabilità questo è l'ultimo discorso che vi rivolgo. E anche se il governo domattina mi permetterà di iniziare la marcia, questo sarà l'ultimo discorso che pronuncerò sulle sacre rive del Sabarmati. Forse queste saranno le ultime parole che pronuncerò in questa vita.

Quello che avevo da dirvi ve l'ho detto già ieri. Oggi mi limiterò ad esporvi quello che dovrete fare dopo che i miei compagni ed io saremo arrestati. Il programma della marcia fino a Jalapur deve essere portato a termine come stabilito. Il reclutamento dei volontari per la marcia deve essere limitato al territorio del Gujarat. Da quanto ho visto e sentito nelle due ultime settimane, sono propenso a credere che il numero dei seguaci della resistenza civile continuerà ad aumentare ininterrottamente.

Ma è necessario che non si manifesti neppure una parvenza di violenza anche dopo che noi saremo arrestati. Noi abbiamo fermamente deciso di far ricorso a tutte le nostre risorse per portare avanti una lotta esclusivamente non-violenta. Nessuno deve consentire che l'ira lo faccia deviare da questa via. Questa è la mia speranza e la mia preghiera. Vorrei che queste mie parole raggiungessero ogni angolo del paese. Se io e i miei compagni periremo nella lotta, avremo portato a termine il nostro compito. Toccherà allora alla Commissione di Lavoro del Congresso indicarvi la via da seguire, e starà a voi seguire la sua guida. Questo è il vero significato della risoluzione della Commissione di Lavoro. Le redini del movimento rimarranno nelle mani di coloro tra i miei seguaci che hanno una fede incondizionata nella non-violenza. Naturalmente il Congresso sarà libero di scegliere la linea di condotta che più gli sembrerà opportuna. Finché non avrò raggiunto Jalapur, non dovrà essere fatto nulla che contravvenga all'autorità concessami dal Congresso. Ma se sarò arrestato, il Congresso riacquisterà la somma autorità. Nessuno di coloro che professano il credo della non-violenza dovrà rimanere inattivo. Il mio accordo con il Congresso verrà meno non appena sarò arrestato. In una tale eventualità l'opera di reclutamento di volontari dovrà continuare senza alcuna interruzione. La disobbedienza civile alle leggi sul sale dovrà essere iniziata dovunque ve ne sarà la possibilità. Tali leggi possono essere violate in tre modi. È una violazione delle leggi produrre sale dove vi è la possibilità di farlo. È una violazione delle leggi anche il possesso o la vendita di sale di contrabbando (che comprende anche il sale naturale e minerale). Incorrono nei rigori della legge anche i compratori di questo sale. Asportare i depositi di sale naturale che si trovano sulle rive del mare costituisce un'altra violazione delle leggi, come pure la vendita del sale così ottenuto. In breve, per violare il monopolio sul sale, si può scegliere uno qualsiasi di questi modi.

Non dobbiamo tuttavia accontentarci soltanto di questo. Dovunque esistano dei Comitati del Congresso, dovunque non vi sia un esplicito divieto del Congresso, e dovunque gli abitanti del luogo abbiano sufficiente fiducia in se stessi, possono essere prese altre iniziative ritenute opportune. Pongo soltanto una condizione, e cioè che il nostro impegno ad attenerci alla verità e alla nonviolenza come gli unici mezzi per il raggiungimento dello Swaraj [l'autogoverno non violento] venga rigorosamente rispettato. Per il resto, ognuno ha piena libertà. Questo tuttavia non deve significare che ognuno è libero di prendere qualsiasi iniziativa sotto la propria responsabilità individuale. Dovunque vi siano dei dirigenti locali, i singoli individui devono attenersi ai loro ordini. Dove non vi sono dirigenti e soltanto poche persone hanno fede nel programma, queste faranno quello che possono, se hanno sufficiente fiducia in se stesse. Esse hanno il diritto, anzi il dovere, di agire in tal modo. La storia del mondo è piena di esempi di uomini che si sono elevati al ruolo di capi grazie unicamente alla loro fiducia in se stessi, al loro coraggio e alla loro tenacia. Anche noi, se aspiriamo veramente allo Swaraj e siamo impazienti di raggiungerlo, dobbiamo avere una simile fiducia in noi stessi. Le nostre file si ingrosseranno e i nostri cuori acquisteranno maggior forza nella stessa misura in cui aumenterà il numero dei nostri compagni fatti arrestare dal governo.

Che nessuno pensi che una volta arrestato me non vi sarà più nessuno a guidarvi. La vostra guida non sono io, ma il Pandit Jawaharlal. Egli possiede tutte le doti di una guida. In realtà, tuttavia, coloro che hanno appreso la lezione del coraggio e dell'autocontrollo non hanno bisogno di nessuna guida. E se non possediamo queste virtù, neanche Jawaharlal sarà capace di farle nascere in noi.

Oltre alle cose dette possono esserne fatte molte altre. Si possono picchettare gli spacci di liquori e i negozi di tessuti stranieri. Se si possiede la forza necessaria, ci si può rifiutare di pagare le tasse. Gli avvocati possono sospendere di esercitare la loro professione. La gente può boicottare i tribunali astenendosi dal chiamare chiunque in giudizio per delle controversie private. I dipendenti dello stato possono dimettersi dai loro posti. In mezzo alla disperazione che regna intorno a loro, alcune persone tremano al pensiero di perdere il loro impiego. Queste persone non sono pronte per lo Swaraj. Ma qual è la causa di questa disperazione? Nel paese il numero dei dipendenti dello stato non supera le poche centinaia di migliaia. Che ne è di quelli che non possono essere assunti? Cosa devono fare? Anche la libera India non sarà in grado di dar lavoro ad un gran numero di dipendenti dello stato. Un funzionario distrettuale nell'India indipendente non avrà a disposizione il numero di subordinati di cui oggi dispone. Dovrà fare da solo. Come può un paese povero come l'India permettersi di fornire ad un funzionario distrettuale tanti impiegati diversi per ogni singolo compito, come l'ordinamento delle pratiche, i lavori di pulizia o lo sbrigo della corrispondenza? I milioni di indiani che soffrono la fame non possono assolutamente permettersi queste enormi spese. Dunque, se possedessero abbastanza sensibilità, i dipendenti dello stato abbandonerebbero i loro impieghi, fossero essi giudici o semplici uscieri. Forse per un giudice può essere difficile abbandonare il suo posto, ma che difficoltà può esistere per un usciere? Questo può guadagnarsi dovunque di che vivere con un onesto lavoro manuale. Questa è la soluzione più facile del problema della libertà: è necessario che tutti coloro che in un modo o nell'altro collaborano con il governo, pagando le tasse, detenendo delle cariche, mandando i loro figli alle scuole statali eccetera, rifiutino la loro collaborazione al governo completamente o quanto più è loro possibile. Si possono ideare anche altri metodi per non collaborare con il governo. Inoltre, vi sono delle donne che sono in grado di partecipare spalla a spalla con gli uomini a questa lotta.

Queste sono le mie volontà. È l'unico messaggio che desideravo lasciarvi prima di iniziare la marcia o di essere imprigionato. Mi auguro che non vi sia alcuna interruzione e alcun abbandono della guerra che comincerà domani mattina, o anche prima, se sarò arrestato prima di allora. Attenderò con ansia la notizia che per ognuno dei miei compagni arrestati dieci nuovi volontari hanno preso il loro posto. Io credo fermamente che in India vi siano uomini in grado di portare a termine l'opera che oggi io inizio. Ho fede nella giustezza della nostra causa e nella purezza dei nostri mezzi. E quando i mezzi sono puri, non può mancare la benedizione di Dio. E quando si uniscono questi tre elementi, la sconfitta è impossibile. Un satyagrahi [messaggero della verità], sia esso libero o imprigionato, riesce sempre vittorioso. Egli viene vinto soltanto quando abbandona la verità e la non-violenza e cessa di dare ascolto alla voce interiore. La causa della sconfitta di un satyagrahi, dunque, può risiedere soltanto nel satyagrahi stesso. Dio benedica voi tutti e sgomberi la nostra via da ogni ostacolo nella lotta che inizierà domani. Sia questa la nostra preghiera.

Franklin D. Roosevelt
(1882-1945)

Il 7 maggio 1933, intervenendo con un discorso radiofonico alla nazione, Roosevelt annunciava le linee fondamentali del New Deal. La società americana in quel momento era attraversata da una profonda crisi economica e sociale. La condizione della ricchezza e per certi aspetti dell'opulenza propria degli anni Venti era ormai solo un vago ricordo. La realtà degli anni Trenta era quella dell'incubo, o comunque del sogno infranto. Nel suo discorso Roosevelt annuncia l'avvio dei lavori pubblici, la possibilità di aiuti finanziari alle amministrazioni locali per progetti di intervento sociale e di sostegno ai disagiati, l'intervento dell'amministrazione pubblica a sostegno del rilancio delle attività industriali. In breve, la possibilità di riprendere a sognare.

Una domenica, dopo una settimana dal mio insediamento, mi sono servito della radio per informarvi della crisi bancaria e delle misure che stavamo studiando per affrontarla. Sono convinto, in quel modo, di aver chiarito alla nazione diversi fatti che altrimenti potevano essere fraintesi, e in generale di aver fornito i mezzi per comprendere la situazione e riguadagnare la fiducia perduta.

Questa sera, a otto settimane di distanza, mi presento a voi per la seconda volta, per aggiornarvi sullo stato delle cose con lo stesso spirito e attraverso gli stessi mezzi, per spiegarvi ciò che è stato fatto e quello che progettiamo di fare.

Due mesi fa stavamo affrontando problemi serissimi. L'intero paese moriva giorno dopo giorno. Moriva perché il commercio e gli affari erano scesi a un punto pericolosamente basso; i prezzi per i beni di prima necessità erano così alti da mettere a repentaglio l'equilibrio di istituzioni nazionali come le banche, le casse di risparmio, le compagnie assicurative e molti altri. Queste istituzioni, proprio a causa di questa crisi, tagliavano i mutui, reclamavano i prestiti, rifiutavano di fare credito. Per questo motivo, era iniziato il processo di distruzione della proprietà di milioni di persone che avevano chiesto denaro in prestito, dollari che nel marzo del 1933 avevano tutto un altro valore di scambio. Quella situazione contingente non richiedeva nessuna considerazione di panacee economiche né piani fantasiosi. Eravamo di fronte a una situazione reale, non a teorie.

Due sole erano le alternative possibili: la prima era permettere il proseguimento della conclusione anticipata delle ipoteche, il ritiro dei crediti e la tesaurizzazione del denaro, facilitando così la chiusura e la bancarotta delle banche, delle compagnie ferroviarie ed assicurative, e una ricapitalizzazione di tutti gli affari e di tutte le proprietà a partire da un livello più basso. Questa alternativa significava proseguire sulla strada di quella che viene comunemente definita «deflazione», il cui risultato su larga scala si sarebbe delineato in sacrifici tremendi per i proprietari e, di rimbalzo, in sacrifici tremendi per tutti i lavoratori a salario attraverso un inasprimento della disoccupazione e nella successiva riduzione del potere d'acquisto.

Ciò è sufficiente per comprendere che l'esito di una soluzione simile avrebbe avuto non solo effetti economici molto seri, ma anche un impatto sulla società che avrebbe portato con sé danni incalcolabili. Ancora prima che venissi eletto, ero arrivato alla conclusione che una politica di questo genere era un prezzo troppo alto da chiedere al popolo americano. Non solo avrebbe comportato l'ulteriore perdita di case, fattorie, risparmi e salari, ma anche una perdita di valori – come la sicurezza verso il presente e nei confronti del futuro, tanto necessaria al conseguimento della pace e al benessere del singolo individuo e della sua famiglia. Quando si distruggono queste certezze, ci si rende conto di quanto sia difficile nutrire speranza per qualsiasi tipo di futuro. Era chiaro che semplici appelli da Washington, e maggiori prestiti offerti ad istituzioni fatiscenti non erano sufficienti a fermare questa corsa verso il basso. Un programma immediato e messo in pratica con la massima rapidità mi è sembrato una scelta non solo giustificata, ma un imperativo per la sicurezza della nazione. Il Congresso, e quando dico Congresso intendo entrambi i partiti che lo formano, ha compreso pienamente la situazione e mi ha fornito un aiuto generoso e intelligente. I membri del Congresso hanno capito che i metodi usati in periodi di stabilità andavano rimpiazzati, nei periodi di emergenza, con misure corrispondenti alla gravità e alla serietà del momento. Questo è avvenuto senza nessuna cessione di poteri, il Congresso detiene ancora l'autorità costituzionale e nessuno ha la benché minima intenzione di modificare l'assetto di questi poteri. La funzione del Congresso è di decidere ciò che è giusto fare, e di scegliere l'organo più appropriato per svolgere le sue volontà. Ciò è stato rispettato alla lettera. L'unica cosa che è successa è stato designare il presidente come l'organo incaricato di portare a termine alcuni degli obiettivi designati dal Congresso. Tutto questo è assolutamente costituzionale, nella scia della tradizione americana.

Le leggi approvate o in corso di approvazione possono pertanto essere considerate parte di un piano con solide basi.

Innanzi tutto, daremo un lavoro a un quarto di milione di disoccupati, soprattutto giovani con persone a carico, da essere destinati alla protezione forestale e civile. Non è cosa da poco, significa nutrire, vestire e occuparsi di quasi il doppio del numero di uomini che costituiscono il nostro esercito. Con la creazione di questi corpi di protezione civile, prenderemo due piccioni con una fava. Così facendo, è chiaro che le nostre risorse naturali saranno valorizzate; inoltre, allevieremo una discreta parte della tensione sociale. Questo nobile gruppo di uomini ha accettato il lavoro su basi puramente volontarie, non è richiesto nessun addestramento militare e in questo modo conserviamo non solo le risorse naturali ma anche quelle umane. Un altro grande punto di forza di questo lavoro è che sia immediato e richieda solo un modesto intervento di mezzi meccanici. Secondo, ho richiesto e ottenuto dal Congresso l'approvazione di una domanda relativa alle grandi proprietà demaniali che il Governo possiede a Muscle Shoals, perché queste siano di nuovo utilizzate dopo anni di deprecabile inattività, e con un forte piano per il miglioramento di una vasta area nella valle del Tennessee. Questo servirà a portare agio e felicità a centinaia di migliaia di persone, e il beneficio avrà i suoi effetti sull'intera nazione.

Inoltre, il Congresso sta per approvare una legge sulle ipoteche che allevierà il malumore tra i contadini e i proprietari di case di tutto il paese, attraverso una riduzione del debito che oggi grava su milioni delle nostre famiglie.

Il passo successivo nella ricerca di un sollievo immediato è una sovvenzione di mezzo miliardo di dollari da destinare agli stati, le contee e le municipalità per assistere coloro che hanno un bisogno più immediato e disperato.

Il Congresso ha anche approvato la legge che permette a qualsiasi stato lo desideri di vendere liberamente birra, con il conseguente aumento dell'occupazione e provvedendo a ripristinare il gettito fiscale di cui avevamo tanto bisogno.

Ora, è nostra intenzione chiedere al Congresso di approvare una legge che permetta al governo di appaltare i lavori pubblici, stimolando direttamente e indirettamente un nuovo flusso di occupazione per molti altri progetti ben pianificati.

Un'ulteriore manovra approvata è ben più fondamentale per affrontare i problemi economici del presente. Si tratta della *Farmer Relief Bill*, un disegno di legge il cui scopo è cercare attraverso l'utilizzo di mezzi diversi, distinti o uniti che siano, di garantire ai coltivatori diretti e indiretti un aumento degli introiti per i prodotti di più largo consumo, e allo stesso tempo di prevenire per i tempi a venire la disastrosa produzione in eccesso, cosa che in passato è stata spesso la causa del ribasso esagerato dei prezzi per i beni agricoli di prima necessità. Questo provvedimento assicura vasti poteri per affrontare le emergenze, il cui utilizzo dipenderà soltanto dal futuro che ci aspetta.

Misure cautelative ben studiate saranno così sottoposte al Congresso, nel tentativo di garantire agli operai dell'intero paese un guadagno più giusto, prevenire una concorrenza indiscriminata e un numero eccessivo di ore di lavoro, e allo stesso tempo incoraggiare tutte le industrie a prevenire la sovraproduzione.

La *Railroad Bill* rientra nella stessa categoria, poiché il suo obiettivo è di elaborare e definire dei piani studiati direttamente dalle compagnie ferroviarie, assistite dal governo, allo scopo di eliminare la proliferazione e lo spreco che risulta dall'amministrazione controllata delle compagnie e dal continuo deficit. Sono sicuro che il popolo di questa nazione comprende e approva l'obiettivo di ampie vedute dietro queste nuove politiche governative, riguardanti l'agricoltura, l'industria e i trasporti. Ci siamo ritrovati con più scorte agricole di quante ne potessimo consumare, con un eccesso di beni che le altre nazioni non potevano permettersi di acquistare se non a prezzi rovinosamente stracciati. Abbiamo scoperto che le nostre industrie erano in grado di produrre più beni di quanti potessimo utilizzarne, e allo stesso tempo la domanda di esportazioni era crollata. Il numero delle società di trasporto di merci e raccolti era superiore a quello delle merci e dei raccolti da trasportare. Tutto questo è in larga misura la conseguenza di una totale mancanza di pianificazione, e un completo fallimento nella comprensione dei segnali di pericolo che erano già nell'aria dalla fine della guerra mondiale. Il popolo di questo paese è stato erroneamente incoraggiato a credere che poteva continuare a spremere all'infinito fattorie e fabbriche, e che un giorno un mago avrebbe trovato il sistema e i mezzi perché quell'abbondanza venisse consumata con un giusto ritorno economico per i produttori.

Oggi, abbiamo ragione di credere che la situazione sia leggermente migliorata rispetto a due mesi fa. L'industria si è ripresa, le ferrovie hanno più traffico, i prezzi sono più ragionevoli, ma non sono certo qui a indulgere in proclamazioni e assicurazioni entusiastiche. Non possiamo cullarci nell'idea di una ritrovata prosperità. Sarò onesto fino in fondo con la nazione. Non voglio che la gente di questo paese approfitti stupidamente di questo miglioramento per creare una nuova ondata speculativa. Non voglio che la gente creda che per questo ottimismo ingiustificato possiamo riprendere la rovinosa pratica di aumentare la produzione dei raccolti e dell'industria nella speranza che intervenga qualche ricco compratore. Un simile percorso ci condurrebbe forse a una prosperità istantanea ma fallace, che ci spingerebbe in un nuovo baratro. È decisamente sbagliato definire le misure adottate come un controllo del governo sulle fattorie, l'industria e i trasporti. Si tratta piuttosto di una partnership tra il governo, il settore agricolo, industriale e dei trasporti; non una partnership di profitto, poiché questo andrà alla popolazione, ma una collaborazione nella stesura dei piani e nella loro esecuzione.

Mi spiegherò con un esempio. Prendete l'industria del cotone. Probabilmente è vero che il novanta percento dei produttori di cotone aderiranno all'eliminazione di stipendi da fame, di lunghe ore di lavoro, dello sfruttamento dei minori, della sovraproduzione che condurrebbe a eccessi non vendibili. Ma si può definire buono un accordo se il rimanente dieci percento dei produttori di cotone continua a pagare stipendi da fame, domanda un orario di lavoro eccessivo, sfrutta i minori negli impianti e produce un esagerato eccesso di beni? Questo scorretto dieci percento produrrebbe a prezzi così bassi che il corretto novanta percento si troverebbe costretto a seguire la loro strada. Ed è qui che entra in scena il governo. Il governo, dopo un'operazione di sorveglianza e pianificazione, dovrebbe avere, e presto lo avrà, il diritto di prevenire la condotta scorretta e di assicurare il pieno rispetto della normativa in nome della sua autorità, anche con la collaborazione dell'industria stessa. Le cosiddette leggi antitrust erano pensate per prevenire la creazione di monopoli e proibire l'irragionevole quantità di profitti che questi monopoli avrebbero guadagnato. Lo scopo di quelle leggi deve essere perseguito, ma non sono mai state elaborate per favorire il genere di concorrenza sleale caratterizzata da orari eccessivi, salari da fame e produzione in eccesso.

Lo stesso principio va applicato ai prodotti agricoli e al settore dei trasporti, e a qualsiasi campo dell'industria privata.

Stiamo lavorando per ottenere un risultato preciso, cioè evitare il ritorno di quelle condizioni che sono state a un passo dalla distruzione di ciò che noi chiamiamo civiltà moderna. Il raggiungimento di questo scopo non avverrà certo in un giorno. Le politiche in corso sono la continuazione dei motivi che hanno spinto centocinquanta anni fa alla nascita del Governo costituzionale d'America.

Sono certo che il popolo di questo paese capirà sia la pratica sia lo spirito con cui mettiamo in atto questa politica. Non nego che sbaglieremo qualcosa nel compimento di questo piano. Non mi aspetto di fare centro a ogni colpo. Ciò che intendo raggiungere è la media migliore, non solo per me ma per tutta la squadra. Una volta, Theodore Roosevelt mi disse: «Se ho ragione il settantacinque percento delle volte, avrò raggiunto la piena realizzazione delle mie speranze».

Si è discusso molto delle riserve federali e dell'inflazione, negli ultimi tempi, del valore dell'oro e così via. Permettetemi di parlare chiaro e con semplicità. Prima di tutto, credito governativo e valuta governativa sono la stessa identica cosa. Dietro i buoni del governo c'è la ferma promessa di pagare; dietro la valuta governativa, oltre alla promessa di pagare, abbiamo una riserva d'oro e una modesta scorta d'argento. A proposito di queste riserve, è giusto ricordare che in passato il governo ha acconsentito di estinguere debiti e rimborsare in valuta trenta miliardi in oro, mentre le società per azioni del paese hanno stabilito di rimborsare altri sessanta o settanta milioni di obbligazioni e mutui in oro. Il governo e le società per azioni hanno raggiunto tali accordi pur sapendo perfettamente che le riserve auree degli Stati Uniti ammontavano circa a tre o quattro miliardi, e che tutto l'oro nel mondo ammontava a circa undici miliardi.

Se coloro che hanno assicurato di pagare avessero chiesto di ricevere quell'oro, i primi ad arrivare, circa un venticinquesimo dei possessori di obbligazioni e valuta, l'avrebbero ottenuto e sarebbe bastato per qualche giorno. Ai ventiquattro rimanenti, quelli che non erano in cima alla lista, sarebbe stato educatamente detto che non c'era più oro a disposizione. Così, abbiamo deciso di trattare equamente tutti e venticinque, nell'interesse della giustizia e nel pieno esercizio dei poteri costituzionali del governo. Abbiamo considerato ciascuno di essi con il medesimo principio, così da garantire il bene generale.

In ogni caso, l'oro e l'argento fino a un certo punto, costituiscono delle solide fondamenta per la circolazione del denaro ed è per questo che ho deciso di non permettere la fuoriuscita dell'oro presente nel paese.

Tre settimane fa, si è creata una serie di condizioni che avrebbe potuto significare subito, primo, un prosciugamento delle nostre riserve d'oro da parte delle potenze straniere, e secondo, come risultato diretto, un'uscita di capitale americano in forma di oro. Non è esagerato affermare che ciò avrebbe intaccato pesantemente le nostre scorte, provocando un ulteriore indebolimento del credito privato e governativo, un aumento del panico per la situazione attuale e il completo arresto dell'ingranaggio industriale.

L'Amministrazione punta al rialzo dei prezzi all'ingrosso, permettendo così a coloro che hanno preso del denaro in prestito di ripagare il debito con una moneta non svalutata. Non permetteremo che il dollaro scenda così tanto da permettere a costoro di estinguere il debito a un valore infinitamente più basso di quello con cui l'hanno acceso. In altri termini, cercheremo di correggere un errore senza per questo rischiare di commetterne uno nuovo. Ecco perché sono stati conferiti all'Amministrazione certi poteri. Se necessario, aumenteremo il credito per correggere l'errore già esistente. Questi poteri saranno esercitati quando, come e se sarà necessario per conseguire gli obiettivi.

Di pari passo con la situazione interna, che certamente è in cima alla lista delle nostre preoccupazioni, va considerata la panoramica mondiale. Voglio essere chiaro nel dirvi che la situazione interna è profondamente e inevitabilmente legata alle condizioni degli altri paesi nel mondo. In altre parole, e con molta probabilità, saremo in grado di ripristinare la prosperità negli Stati Uniti, ma non sarà permanente finché non avverrà la stessa cosa in tutto il mondo.

Nelle conferenze che abbiamo tenuto e che continuiamo a tenere con i leader delle altre nazioni, stiamo cercando di raggiungere quattro grandi obiettivi. Primo, una generale riduzione degli armamenti, per attenuare il terrore di invasioni e attacchi, allo stesso tempo una riduzione dei costi degli armamenti, per favorire un assestamento del budget di governo e una riduzione delle tasse. Secondo, un alleggerimento degli ostacoli commerciali, per favorire un nuovo scambio di beni e raccolti fra le nazioni. Terzo, la stabilità della moneta corrente, in grado di stimolare i contratti commerciali in anticipo. Quarto, il ristabilirsi di relazioni amichevoli e una maggiore fiducia tra tutte le nazioni.

I nostri visitatori stranieri, nelle ultime tre settimane, hanno reagito positivamente a questi scopi. Tutte le nazioni hanno sofferto duramente in questa grande depressione, e sono arrivate alla conclusione che l'aiuto reciproco è il migliore sistema per uscirne. È con questo spirito che i nostri visitatori hanno deciso di incontrarci per discutere i problemi comuni. La conferenza internazionale che stiamo preparando deve avere successo. È il futuro stesso del mondo a chiederlo, e ognuno di noi si è sforzato al massimo perché questo avvenga.

A voi, popolo di questo paese, tutti noi, i membri del Congresso e i membri dell'Amministrazione, rendiamo un profondo debito di gratitudine. Avete dimostrato pazienza nel corso di tutta la depressione, ci avete garantito estesi poteri e incoraggiato con l'approvazione unanime dei nostri obiettivi. Abbiamo dedicato ogni oncia della nostra forza, ogni risorsa in nostro possesso, alla giustificazione della fiducia che ci avete accordato. Siamo incoraggiati a credere che un inizio saggio e sensato sia stato messo in atto. Così, nello spirito di questa fiducia reciproca e di mutuo incoraggiamento, noi proseguiamo con il nostro lavoro.

Winston Churchill
(1874-1965)

*Discorso tenuto alla Camera dei Comuni e trasmesso per radio il 18 giugno 1940. Il testo in cui è profondo il richiamo alla forza dei coraggiosi (secondo una retorica che risente degli echi shakespeariani dell'*Enrico V*), giustificato dalla condizione del momento. L'Inghilterra si trova a fronteggiare da sola – dopo il crollo militare della Francia – l'attacco della Germania nazista, che inizia dal mese di luglio con le incursioni aeree su Londra. È l'inizio della cosiddetta «battaglia d'Inghilterra» e rappresenta almeno per gli inglesi il momento più duro del conflitto. Nella chiusa del discorso questo senso della sfida prossima, della solitudine e della missione di civiltà a cui l'Inghilterra si autocandida, costituisce forse l'elemento più duraturo della retorica di Churchill.*

Parlai l'altro giorno dell'immane disastro militare verificatosi quando l'Alto Comando francese non riuscì a ritirare dal Belgio le armate del nord, al momento in cui gli fu noto che il fronte francese era stato sfondato a Sedan e sulla Mosa. Tale indugio portò alla perdita di quindici o sedici divisioni francesi e mise fuori d'azione, nel momento più critico, tutto il corpo di spedizione britannico. È bensì vero che la flotta britannica riuscì a salvare da Dunkerque il nostro esercito e 120.000 soldati francesi, ma a prezzo della perdita dei cannoni, dei veicoli e dell'equipaggiamento moderno. Ci volevano indubbiamente alcune settimane per rimediarvi, ma nel corso delle prime due la battaglia di Francia era ormai perduta. Quando si consideri l'eroica resistenza dell'esercito francese in tale battaglia, in condizioni così impari, le perdite enormi inflitte al nemico e la innegabile sua stanchezza, si potrebbe ben pensare che quelle venticinque divisioni, delle meglio addestrate ed equipaggiate, avrebbero potuto capovolgere la situazione in nostro favore. Ma il generale Weygand dovette farne senza: solo tre divisioni britanniche o il loro equivalente tennero la posizione coi loro camerati francesi. Hanno sofferto gravi perdite ma hanno combattuto valorosamente. Per parte nostra, mandammo in Francia tutti gli uomini che potevamo, non appena fu possibile riequipaggiarli in tutta fretta ed inquadrarli.

Se cito questi fatti non è per fare delle recriminazioni, che sarebbero, a parer mio, non solo assolutamente vane, ma anche dannose – non possiamo permettercelo – ma solo per spiegare come mai non avessimo in questa grande battaglia, quando ci sarebbe stato possibile averle, da dodici a quattordici divisioni britanniche invece di tre soltanto. Metto tutto questo da parte. Lo archivio, e gli storici, quando avran tempo, sceglieranno i documenti per scrivere le loro storie. Dobbiamo pensare al futuro, non al passato; e questo vale, in misura minore, anche per le nostre cose interne. Molti vorrebbero aprire un'inchiesta parlamentare sulla condotta dei Governi, e anche dei Parlamenti, che hanno la loro parte di responsabilità durante gli anni che ci hanno portati a questa catastrofe. Essi vogliono accusare coloro che furono responsabili della direzione dei nostri affari. Anche questa sarebbe una misura quanto mai dannosa e stolta. Troppi ci furon di mezzo. Ognuno interroghi la propria coscienza ed esamini i propri discorsi. Io spesso rileggo i miei.

Di questo sono assolutamente certo, che se mettiamo il passato contro il presente finiremo col perdere il futuro; perciò non posso ammettere che si facciano discriminazioni tra i membri del presente governo, formatosi in un momento di crisi per unire tutti i partiti e tutte le opinioni. Esso ha ricevuto l'appoggio quasi unanime di ambedue le Camere del parlamento; coi suoi membri in unione compatta, noi, sotto l'autorità della Camera dei comuni, governeremo il paese e proseguiremo la guerra. In un momento come questo è assolutamente necessario che siano rispettati tutti i ministri i quali, giorno per giorno, cercano di compiere il loro dovere. I loro dipendenti debbono sapere che i loro capi non sono sotto una minaccia, uomini che sono qui oggi e via domani, ma che si deve obbedire alle loro direttive puntualmente e fedelmente. Senza questa concentrazione di potere, non possiamo far fronte alle difficoltà che ci stanno dinanzi. Non credo sia utile prolungare il dibattito in questo pomeriggio, quando la situazione generale è così tesa, e quando molti fatti ignoti saranno in breve tempo chiariti. Giovedì terremo una sessione segreta, e così i membri della Camera potranno avere un'ottima occasione per esprimere le opinioni che stanno loro a cuore e discutere argomenti di importanza capitale senza che i nostri pericolosi nemici sappiano tutto quanto la mattina dopo dai giornali.

I disastri militari accaduti durante gli ultimi quindici giorni non mi hanno affatto sorpreso. In verità, due settimane fa accennai alla Camera, nel modo più chiaro, che c'era da aspettarsi il peggio, e dissi chiaro che qualunque cosa accadesse in Francia non avrebbe modificato la decisione dell'Inghilterra e dell'impero britannico di continuar a combattere «per anni, se necessario, anche soli, se necessario». In questi ultimissimi giorni siamo riusciti a portar in salvo la massima parte delle truppe che avevamo sulle linee di comunicazione in Francia; e così sette ottavi delle truppe mandate in Francia dal principio della guerra – cioè 350.000 uomini su 400.000 – sono qui sani e salvi. Altri sono rimasti a combattere coi francesi, a combattere con notevole successo negli scontri locali col nemico. Abbiamo anche portato indietro una gran quantità delle provviste, dei fucili e delle munizioni di ogni genere, che avevamo accumulate in Francia durante gli scorsi nove mesi.

Abbiamo quindi oggi una vasta e potente forza militare in questa nostra isola, che comprende le nostre migliori truppe, in cui si contano a migliaia i soldati che si sono già misurati coi tedeschi senza risultare inferiori. Vi sono attualmente sotto le armi più di un milione e duecentomila uomini: abbiamo inoltre i «volontari della difesa locale» che ammontano a mezzo milione, di cui però solo una parte è armata di fucili o di altre armi da fuoco. Ogni uomo che possegga un'arma è stato così incorporato nelle forze della difesa. Siamo in prossima attesa di altri ingenti quantitativi di armi, e perciò intendiamo arruolare immediatamente, esercitare e addestrare un numero di soldati ancora maggiore. Tutti quelli che non sono chiamati alle armi o sono altrimenti impiegati nella vasta opera della produzione di guerra in tutti i suoi reparti – con le innumerevoli ramificazioni – serviranno il paese restando al loro posto di lavoro fino a che non siano chiamati. Qui abbiamo pure eserciti dei Dominions. I canadesi, che erano sbarcati in Francia, sono stati portati qui in salvo, con tutta la loro artiglieria ed equipaggiamento, delusi, ma in perfetto ordine. E tutte queste forze di primissima qualità, provenienti dai Dominions, ora prenderanno parte alla difesa della madre patria.

Nel caso che l'elenco di queste ingenti forze da me dato facesse sollevare l'obiezione perché mai esse non abbiano preso parte alla grande battaglia di Francia, debbo dichiarare che, non contando le divisioni in corso di addestramento e di formazione nel paese, solo dodici di esse erano equipaggiate per il combattimento in misura tale da giustificare il loro invio in Francia; e questo era il numero che i francesi erano autorizzati ad aspettarsi da noi entro il nono mese di guerra. Il rimanente delle nostre forze in patria, utile per la difesa del paese, ha un'efficienza combattiva che naturalmente aumenterà di settimana in settimana. Pertanto, l'invasione della Gran Bretagna richiederebbe in questo momento il trasporto per mare di eserciti nemici su larghissima scala; e, una volta trasportati, dovrebbero venir ininterrottamente riforniti con le enormi quantità di munizioni e rifornimenti richieste da una battaglia continua, poiché non v'ha dubbio che essa sarebbe continua.

E qui veniamo alla nostra flotta. Perché, dopo tutto, una flotta l'abbiamo. Qualcuno sembra dimenticarsene, ma noi dobbiamo rinfrescar loro la memoria. In questi ultimi trenta anni ho partecipato a molte discussioni sulle possibilità di una invasione dal mare, ed al principio dell'altra guerra assunsi la responsabilità per conto dell'Ammiragliato di consentire che le truppe regolari fossero portate fuori del paese. Fu un passo molto rischioso, perché i nostri territoriali erano appena stati arruolati e non erano ancora addestrati. Di conseguenza, quest'isola rimase per parecchi mesi quasi sguarnita di truppe combattenti: in quel momento, l'Ammiragliato aveva fiducia nella sua capacità d'impedire un'invasione in massa, quantunque i tedeschi avessero allora una magnifica flotta di combattimento in una proporzione da 1 a 16 rispetto alla nostra, e fossero in grado in qualsiasi momento, ogni giorno e qualsiasi giorno, di dar battaglia generale, mentre ora possiedono soltanto un paio di corazzate che contino: la *Scharnhorst* e la *Gneisenau*. È vero che si dice anche che la flotta italiana intende uscire dai suoi porti e affermare la sua superiorità nelle nostre acque. Se ha veramente questa intenzione, dirò soltanto che ci faremo premura di offrire il passaggio libero e sicuro dello stretto di Gibilterra al signor Mussolini, affinché possa recitare la parte che gli sta tanto a cuore. Nella flotta britannica son tutti curiosi di constatare se gli italiani si mantengono ancora al livello dell'altra guerra, oppure se ne sono scaduti.

Mi sembra dunque che, per quanto riguarda un'invasione per mare su vasta scala, potremo farle fronte meglio oggi che in molti periodi dell'altra guerra e durante i primi mesi di questa, quando il corpo britannico di spedizione si trovava all'estero e le altre nostre truppe non erano ancora allenate. Ma la flotta non ha mai preteso di poter impedire incursioni di corpi di cinque o diecimila uomini trasportati e sbarcati di sorpresa su vari punti della costa nell'oscurità della notte o in un mattino nebbioso. L'efficienza della marina, specialmente nelle condizioni odierne, dipende dalla mole dell'esercito invasore: data la nostra potenza militare, l'invasore deve essere numeroso per raggiungere i suoi obiettivi: e solo in tal caso la marina ha qualcosa da scoprire, affrontare e, per dir così, azzannare. Ora, dobbiamo tener presente che anche cinque divisioni sole, sia pur leggermente equipaggiate, richiederebbero da duecento a duecentocinquanta navi, e con i moderni sistemi di ricognizione e fotografia aerea non sarebbe poi tanto facile concentrare una simile flotta, e condurla attraverso il mare, senza la scorta di potenti unità navali; e anche senza voler esagerare vi sarebbero allora grandi possibilità che tale flotta venisse intercettata ancor lungi dalla nostra costa, e che tutti gli uomini finissero annegati o, peggio, saltassero in aria insieme al loro equipaggiamento, durante i tentativi di sbarco. Abbiamo inoltre un vasto sistema di campi minati, recentemente rafforzati, di cui noi soli conosciamo i passaggi. Se il nemico tenterà di aprirsi un varco attraverso di essi, spetterà alla flotta il compito di distruggere gli spazzamine e le unità nemiche impiegate a protezione di questi. Data la nostra superiorità navale non vedo in ciò alcuna difficoltà.

Questi sono gli usuali argomenti studiati e sperimentati, su cui abbiam fatto affidamento per molti anni, sia in pace sia in guerra; ma si tratta ora di vedere se esistano nuovi metodi che possano infirmarne la solidità. Per quanto sembri strano, l'Ammiragliato li ha parecchio studiati, giacché il suo primo dovere e la sua responsabilità stanno appunto nel distruggere qualsiasi grande spedizione marittima, durante il tragitto, o nel momento in cui raggiunga le nostre coste. Non sarebbe saggio darne i particolari, perché potrebbero suggerire ad altri idee che non hanno avuto finora, mentre non sarebbero disposti a darcene altre in cambio. Mi limiterò a dire che vi si deve dedicare instancabilmente vigilanza ed inventiva, perché il nemico è sottile e scaltro, sempre ricco di nuovi tranelli e stratagemmi. La Camera può star certa che non manca una grande ingegnosità e che un grande numero di ufficiali competenti, esperti nella tattica e pienamente al corrente degli ultimi ritrovati, hanno applicato la loro immaginazione per calcolare e neutralizzare le nuove possibilità. Vigilanza instancabile e spirito d'inventiva sono e debbono essere dedicati a questo soggetto perché, ricordatevelo, il nemico è insidioso e non c'è vile tranello di cui non sia capace.

Qualcuno domanderà perché dunque la flotta britannica non sia stata in grado d'impedire il trasporto di un grande esercito dalla Germania alla Norvegia attraverso lo Skagerrak. Ma le condizioni nella Manica e nel Mare del Nord e quelle prevalenti nello Skagerrak sono molto diverse. Nello Skagerrak, a causa della distanza, non fu possibile fornire la protezione aerea alle nostre navi di superficie, e quindi, a causa della nostra vicinanza alle principali basi aeree nemiche, ci vedemmo costretti a usare soltanto i sottomarini. Non si poté effettuare il vero blocco di intercettazione, che è possibile solo con naviglio di superficie. I nostri sottomarini operarono bensì molti affondamenti, ma non poterono impedire da soli l'invasione della Norvegia. Viceversa, nella Manica e nel Mare del Nord le nostre forze navali di superficie, che sono superiori, potranno agire aiutate dai sottomarini, con lo stretto ed efficace appoggio dell'aviazione.

Questo mi porta naturalmente a considerare la grave questione dell'invasione aerea e della lotta imminente fra l'aviazione britannica e quella germanica. Mi sembra evidente che non sia probabile un'invasione aerea di mole tale da sopraffare rapidamente le nostre forze terrestri, se non quando la nostra aviazione sia stata definitivamente sconfitta. Però non sono da escludersi incursioni di paracadutisti e tentativi di atterraggio di soldati per via aerea. Noi dovremmo esser capaci di fare una calda accoglienza a quei signori, nell'aria e sul terreno, supposto che ci arrivino in condizioni adatte a continuare la disputa. Ma la gran questione è questa: possiamo noi spezzare l'arma aerea di Hitler? È certo un gran peccato che non possediamo un'arma aerea almeno uguale a quella del più potente nemico a portata d'attacco delle nostre coste; ma abbiamo un'aviazione potentissima che s'è dimostrata nettamente superiore per qualità, sia di uomini sia di molti tipi di macchine, a quella incontrata fin qui in numerosi e accaniti combattimenti. In Francia, dove ci trovavamo in condizioni di netta inferiorità e dove perdemmo molte macchine sul terreno intorno agli aerodromi, eravamo avvezzi a infliggere al nemico perdite in proporzione di due o due e mezzo contro uno. Nella battaglia nel cielo di Dunkerque, che era una specie di «Terra di nessuno», non v'ha dubbio che battemmo l'aviazione tedesca e guadagnammo sul posto la superiorità aerea, infliggendo per vari giorni consecutivi perdite di tre o quattro apparecchi contro uno. Chiunque guardi le fotografie della evacuazione pubblicate circa una settimana fa, in cui si vedono truppe ammassate sulla spiaggia – bersaglio ideale per ore ed ore – deve rendersi conto che tale evacuazione fu possibile solo perché il nemico aveva rinunziato alla speranza di riacquistare la superiorità aerea in quel momento e in quel luogo.

Nella difesa di quest'isola i vantaggi dei difensori saranno anche maggiori che nei combattimenti intorno a Dunkerque. Speriamo di aumentare la proporzione di tre e quattro contro uno che avevamo raggiunto a Dunkerque. Inoltre, tutte le nostre macchine danneggiate e tutti gli uomini che scendono in salvo – è sorprendente quanti uomini e quante macchine danneggiate si salvino nella guerra aerea moderna – tutti questi, in un attacco contro quest'isola, cadranno su suolo amico, e potranno combattere ancora; mentre tutte le macchine nemiche danneggiate e i loro equipaggi costituiranno una perdita assoluta dal punto di vista bellico.

Durante la grande battaglia di Francia noi demmo aiuto fortissimo e continuo all'esercito francese coi caccia e coi bombardieri, ma, nonostante molte pressioni, non consentimmo mai all'impiego totale della forza metropolitana dei caccia. Decisione penosa ma giusta, perché le fortune della battaglia di Francia non avrebbero potuto essere aumentate in modo decisivo neppure se vi avessimo buttato dentro tutti i nostri caccia. Quella battaglia fu perduta per un disgraziatissimo errore iniziale di tattica, per la straordinaria e imprevista potenza delle colonne motorizzate nemiche e per la grande superiorità numerica dell'esercito tedesco. La nostra forza dei caccia avrebbe potuto facilmente esaurirsi come un semplice incidente di quella grande lotta, e così ci troveremmo in questo momento in difficoltà gravissime. Invece, così come stanno le cose, sono lieto di annunziare alla Camera che la nostra aviazione da caccia è attualmente più forte di quanto non sia stata mai in rapporto a quella tedesca, che ha subìto perdite terribili. Pensiamo quindi di poter continuare la guerra nell'aria in condizioni migliori di quelle sin qui esperimentate. Guardo con fiduciosa attesa alle gesta dei nostri piloti, questi uomini magnifici, questa splendida gioventù, ai quali rimarrà la gloria di aver salvato dall'attacco più mortale la loro terra natìa, la loro isola materna e tutto quanto essi amano.

Resta, naturalmente, il pericolo dei bombardamenti, che certo verranno ben presto sferrati su di noi dai bombardieri nemici. Ma se è vero che questi uomini sono più numerosi dei nostri, anche noi abbiamo una potente forza di bombardieri, con cui colpiremo senza tregua gli obiettivi militari della Germania. Non mi faccio illusioni sulla gravità della prova che ci attende: ma sono convinto che i nostri compatrioti mostreranno di esserne all'altezza, come lo furono i forti difensori di Barcellona, e sapranno farvi fronte e sopportarla tenacemente, nonostante tutto. Molto dipenderà da questo: ogni uomo e ogni donna avranno l'opportunità di mostrare le più nobili qualità della razza, e prestare il più alto servigio alla propria causa. Sarà di incoraggiamento, per noi tutti in questo momento, quali che siano la nostra sfera d'azione, la nostra condizione, il nostro lavoro e i nostri doveri, ricordare i versi famosi:

Nulla egli fece di volgare o basso
Movendo al grave memorando passo.

M'è parso giusto in questa circostanza di dare alla Camera e al paese alcune indicazioni delle basi pratiche e solide su cui fondiamo la nostra inflessibile risoluzione di continuare la guerra. Molti dicono: «Non importa vincere o perdere, andare a fondo o rimaner a galla; sempre meglio morire che sottometterci alla tirannide, e quale tirannide!». Non so dar loro torto. Ma posso assicurar loro che i nostri periti delle tre forze armate sono concordi nel consigliarci di continuare la guerra, e che ci sono buone e ragionevoli speranze di una vittoria finale. Abbiamo pienamente tenuto al corrente e consultato i Dominions autonomi, queste grandi comunità al di là degli oceani, formatesi sul modello delle nostre leggi e sulla nostra civiltà, e che, pure essendo totalmente libere di scegliere la propria strada, dimostrano un'assoluta devozione alla Madrepatria e si sentono mosse dai medesimi sentimenti che inducono me a rischiare tutto quanto abbiamo per il dovere e l'onore. Le abbiamo consultate su tutto, e dai loro Primi Ministri, Mackenzie King del Canada, Menzies dell'Australia, Fraser della Nuova Zelanda, e il generale Smuts del Sudafrica – quell'uomo mirabile, dallo spirito vasto e profondo, il cui occhio abbraccia l'intero panorama degli eventi d'Europa – da tutti questi uomini eminenti, che hanno dietro di loro dei governi eletti in base a larghe maggioranze e sono i veri rappresentanti della volontà dei loro popoli, ho ricevuto messaggi espressi nei termini più commoventi, in cui fanno propria la nostra decisione di continuare a combattere e si dichiarano pronti a condividere le nostre fortune e a perseverare fino alla fine. Questo è quanto faremo.

Ora possiamo farci la domanda: «In che senso è peggiorata la nostra posizione dal principio della guerra?». È peggiorata per il fatto che i tedeschi hanno conquistato una gran parte della linea costiera dell'Europa occidentale e occupato molti piccoli stati. Ciò aggrava la possibilità degli attacchi aerei e le nostre preoccupazioni navali, ma non diminuisce punto, anzi accresce indubbiamente, gli effetti del nostro blocco a distanza, e con l'entrata dell'Italia in guerra abbiamo chiusa una falla peggiore. Non sappiamo se ogni resistenza militare in Francia cesserà; nel caso che cessasse, i tedeschi potranno concentrare le loro forze militari ed industriali contro di noi: ma per le ragioni che ho già esposte, non potranno farlo tanto facilmente. Se la minaccia dell'invasione si è aggravata, il che è certo, noi, sollevati dal peso di mantenere un grande esercito in Francia, abbiamo a nostra disposizione forze ben più grandi e più efficienti per farvi fronte.

Certo, Hitler, se potrà estendere il suo dispotico controllo sulle industrie dei paesi conquistati, aumenterà grandemente la sua produzione bellica, già ingente: ma ciò non accadrà subito, mentre noi ora possiamo fare assegnamento sull'immenso, continuo e crescente aiuto in rifornimenti e munizioni di ogni genere da parte degli Stati Uniti, e soprattutto in aeroplani e piloti dai Dominions d'oltremare, da regioni fuori dalla portata dei bombardieri nemici.

Tutto considerato, non vedo come questi fattori possano riuscire a nostro detrimento prima che si entri nell'inverno: l'inverno peserà sul regime nazista, con quasi tutta l'Europa affamata che si contorce sotto il suo crudele dominio, e lo metterà a ben dura prova, nonostante la sua brutalità. Non dobbiamo dimenticare che, dal momento in cui dichiarammo la guerra, il 3 settembre 1939, la Germania avrebbe potuto concentrare sul nostro paese tutta la sua aviazione e qualsiasi altro mezzo d'invasione, e che la Francia avrebbe potuto far poco o nulla per impedirlo. Abbiamo dunque vissuto tutti questi mesi sotto la minaccia di questo pericolo potenziale, sebbene in una forma un po' attenuata. Nel frattempo però, abbiamo enormemente migliorato i nostri metodi di difesa, ed appreso ciò che non avevamo il diritto di supporre da principio, che gli aeroplani e i piloti britannici, uno per uno, hanno una superiorità incontrastata e definitiva. Concludendo dunque questo terribile bilancio e guardando ai nostri pericoli con occhio sereno, vedo gravi ragioni di vigilanza e di sforzo intenso, ma non ne vedo nessuna di panico e di disperazione.

Durante i primi quattro anni dell'altra guerra gli alleati non ebbero che disastri e delusioni. Erāvamo in preda al timore costante di una sconfitta dopo l'altra, di perdite terribili, di pericoli spaventosi; tutto andava a rovescio: eppure, alla fine di quei quattro anni il morale degli alleati era più alto di quello dei tedeschi, che pure erano passati da un'aggressione trionfale all'altra e che ovunque, invasori sfortunati, occupavano paesi che avevano violati. Quante volte allora ci chiedemmo: «Come faremo a vincere?». E nessuno sapeva rispondere, se non vagamente. E quando alla fine, d'improvviso e inaspettatamente, il nostro terribile nemico si accasciò, noi, inebriati dalla vittoria, la perdemmo nella nostra follia.

Non sappiamo ancora quel che accadrà in Francia, e se la resistenza francese continuerà, nella Francia stessa e nell'impero francese d'oltremare. Il governo francese sperpererà grandi possibilità e lascerà andare alla deriva il suo avvenire se non proseguirà la guerra secondo gli obblighi del Trattato da cui non ci siamo sentiti in grado di scioglierlo. La Camera avrà letto la storica dichiarazione in cui, per desiderio di molti francesi e in armonia coi nostri sentimenti, abbiamo proclamato, nell'ora più tragica della storia francese, che eravamo disposti a stabilire una comunione di cittadinanza durante il tempo della lotta. Ma comunque vadano le cose in Francia o nei riguardi del governo francese o di altri governi francesi, noi di quest'isola e dell'impero britannico non perderemo mai il nostro sentimento di cameratismo per il popolo francese. E se anche siamo destinati a sopportare quel ch'esso ha sofferto, emuleremo il suo coraggio; e se la vittoria finale verrà, compenso del nostro travaglio, ne condivideremo i frutti, e la libertà sarà restituita a tutti. Non riduciamo nessuna delle nostre giuste domande, non cediamo di un pollice. Cechi, polacchi, norvegesi, olandesi, belgi hanno fatto causa comune con noi. Per tutti loro vi sarà giustizia.

Quella che il generale Weygand chiamò la battaglia di Francia è finita. Io mi aspetto che la battaglia della Gran Bretagna stia per cominciare. Da questa battaglia dipende la sopravvivenza della civiltà cristiana; da essa dipendono la vita della Gran Bretagna e la ininterrotta continuità delle nostre istituzioni e del nostro impero. Tutta la furia e la potenza del nemico dovranno ben presto rovesciarsi su di noi. Hitler sa che dovrà spezzarci in quest'isola o perdere la guerra: se noi sapremo tenergli testa, tutta l'Europa potrà un giorno esser libera e la vita dell'umanità muoverà verso vasti, luminosi orizzonti. Ma se noi verremo meno, allora tutto il mondo, gli Stati Uniti compresi, e compreso tutto quello che abbiamo conosciuto ed amato, sprofonderà nell'abisso di un nuovo medioevo, reso più sinistro e forse più lungo dalla luce di una scienza pervertita. Innalziamoci quindi all'altezza dei nostri doveri e comportiamoci in tal maniera che, pure se l'impero britannico e l'Unione dei Popoli che esso rappresenta dureranno mille anni, gli uomini possano ancora dire: «Quella fu la loro grande ora».

Malcolm X
(1925-1965)

All'inizio del 1964 Malcolm X, dopo aver aderito alla Nazione dell'Islam, un movimento a carattere separatista, fonda l'Organizzazione per l'unità afroamericana, movimento a carattere laico con una visione più apertamente internazionalista, democratica e sociale, in cui viene sottolineata l'identità culturale dei neri d'America, il riconoscimento dell'eguaglianza sulla base di una cittadinanza e di una specificità culturali della popolazione nera, e non semplicemente dell'emancipazione o dell'integrazione: la comunanza con le lotte di liberazione in Africa e nelle ex-colonie. Il testo qui proposto è un estratto dal Programma fondamentale dell'Organizzazione per l'Unità afroamericana.

ATTO COSTITUTIVO

Ricostruzione

Per rendere schiavo l'africano fu necessario che i negrieri che ci portarono qui tagliassero completamente ogni contatto tra lui e il suo continente di origine. È dunque assolutamente necessario, se vogliamo liberarci dall'oppressione di chi ci ha reso schiavi, ristabilire i contatti con l'Africa.

L'Organizzazione per l'unità afroamericana realizzerà questo obiettivo servendosi di giornali indipendenti sia nazionali che internazionali, pubblicazioni di vario genere, contatti personali e altri mezzi di comunicazione disponibili.

Noi afroamericani dobbiamo anche far circolare tra noi la verità sulla schiavitù americana e gli effetti terribili che essa ha sulla nostra gente. Per potercene liberare dobbiamo studiare il sistema moderno di schiavitù, scoprire e denunciare senza vergogna – perché noi siamo ancora le vittime, gli schiavi e gli oppressi – tutti i fatti, anche i più spiacevoli. L'unica nostra vergogna è di non cercare la verità e di credere alla menzogna.

Dobbiamo imparare tutto quello che possiamo su noi stessi; dobbiamo conoscere completamente la storia di come fummo rapiti dall'Africa, quali atrocità e disumanizzazione dovettero sopportare i nostri antenati, dobbiamo sapere come vennero assassinati e con quali sistemi furono tenuti in schiavitù per assicurare profitti a un sistema concepito in termini di schiavitù, costruito dagli schiavi e tutto rivolto a tenerci assoggettati per potersi perpetuare.

Dobbiamo rieducarci, diventare dei buoni ascoltatori per imparare tutto quanto possiamo sui progressi che sta facendo l'Africa, la nostra madrepatria. Dobbiamo correggere l'immagine distorta dell'Africa che chi ci ha posto in schiavitù ha instillato nelle nostre menti in modo da dissuaderci dal ristabilire rapporti con essa e in tal modo conquistare la libertà dall'oppressione.

Riorientamento

Per poter *mantenere* gli afroamericani in schiavitù, fu necessario limitare la loro prospettiva all'America. Per impedirci di identificare i nostri problemi con quelli degli altri popoli di origine africana, i nostri schiavisti usarono ogni mezzo al fine di farci considerare una minoranza isolata priva di alleati.

L'Organizzazione per l'unità afroamericana stimolerà tra gli afroamericani la chiara consapevolezza del nostro rapporto con il resto del mondo e chiarificherà il nostro ruolo, i nostri diritti e responsabilità in quanto esseri umani. Possiamo realizzare questo obiettivo se riusciamo ad essere bene informati sugli affari internazionali e a capire che la nostra lotta fa parte di una più vasta lotta mondiale dei popoli oppressi, contro ogni forma di oppressione. Dobbiamo cambiare la mentalità degli afroamericani liberando le nostre menti con lo studio delle varie filosofie, delle discipline psicologiche, delle culture e delle lingue che non provengano dai nostri oppressori razzisti. Stiamo organizzando l'insegnamento dello *swahili*, dell'*arabo* e dello *haussa*. Lo studio di queste lingue offrirà alla nostra gente l'accesso a nuove idee e alla storia dell'umanità, allargando in tal modo il nostro orizzonte mentale.

Possiamo imparare molto sull'Africa da libri informativi e dalle esperienze di chi ci è andato, ma molti di noi andranno a visitare il paese di loro scelta, in modo da fare l'esperienza diretta. L'Organizzazione per l'unità afroamericana farà di tutto per incoraggiare viaggi in Africa, nell'America centrale e in altri luoghi dove la nostra cultura non è stata completamente schiacciata dalla spietata brutalità dei razzisti.

Istruzione

Dopo averci ridotti in schiavitù, i negrieri organizzarono un sistema di istruzione razzista che giustificava per i posteri i delitti che erano stati commessi contro i popoli africani e i loro discendenti. Troppo spesso lo schiavo partecipa così interamente alla logica di questo sistema, da arrivare a giustificare di essere stato ridotto in ceppi e oppresso.

L'Organizzazione per l'unità afroamericana escogiterà metodi e procedure educative che libereranno le menti dei nostri figli dalle menzogne e dalle distorsioni, che ci vengono propinate fin dalla nascita per ridurci alla stregua di schiavi intellettuali. Incoraggiamo gli afroamericani a fondare istituti sperimentali e centri educativi, scuole di liberazione e centri per l'assistenza all'infanzia nelle comunità afroamericane.

Eserciteremo tutto il nostro peso per imporre la scelta di libri di testo e di materiale dimostrativo usato dai nostri figli nelle scuole pubbliche e, al tempo stesso, incoraggeremo degli specialisti afroamericani a scrivere e pubblicare i libri di testo necessari per liberare le nostre menti dalla menzogna. Finché non arriveremo a controllare del tutto le nostre istituzioni educative, dovremo integrare la preparazione scolastica dei nostri figli con l'educazione impartita in famiglia.

Sicurezza economica

Dopo il Proclama dell'emancipazione, quando il sistema di schiavitù cambiò, nel senso che invece di essere schiavi a livello del bestiame diventammo schiavi salariati, ci si accorse che gli afroamericani costituivano il gruppo etnico omogeneo più vasto degli Stati Uniti, che avevano un'origine comune e una comune esperienza collettiva e che, se si fosse loro permesso di esercitare la libertà economica o politica, si sarebbero impadroniti in breve tempo di questo paese.

Perciò i razzisti al governo perfezionarono tutte le tecniche in grado di garantire la dipendenza economica degli afroamericani dai loro padroni, di farne degli schiavi dal punto di vista strettamente economico, degli schiavi del ventesimo secolo.

L'Organizzazione per l'unità afroamericana prenderà le misure necessarie per liberare la nostra gente dalla schiavitù economica. Uno dei modi per raggiungere tale obiettivo sarà di organizzare un comitato tecnico, una specie di banca dei tecnici. Così come ci sono le banche del sangue, in grado di procurare il plasma al momento del bisogno, dobbiamo creare una banca dei tecnici, in modo che le nuove nazioni indipendenti dell'Africa possano rivolgersi a noi, che siamo i loro fratelli afroamericani, per chiedere quei tecnici di cui hanno bisogno ora e in futuro.

Inoltre svilupperemo un mercato aperto per tutte le attitudini e specializzazioni; al tempo stesso, forniremo all'Africa gli ingegni di cui essa ha bisogno. Questo progetto assicurerà la reciproca cooperazione e andrà a beneficio di tutti.

Autodifesa

Per poter ridurre in schiavitù un popolo e mantenerlo in tale stato, si deve negare il suo diritto all'autodifesa, si deve continuamente terrorizzarlo, sottoporlo a maltrattamenti e all'assassinio. Questa tattica è stata sviluppata al massimo dai razzisti che il governo degli Stati Uniti sembra incapace o non è disposto a punire secondo la legge del paese.

Prima dell'emancipazione, a soffrire torture, ad essere umiliato, castrato e assassinato, era il maschio nero; ma recentemente, e in misura sempre maggiore, le nostre donne e bambini sono diventati anch'essi le vittime di selvaggi razzisti, la cui sete di sangue cresce ogni giorno e le cui azioni nefande sembrano essere apertamente incoraggiate da tutti i cosiddetti «tutori dell'ordine». Dal tempo del Proclama dell'emancipazione, circa cinquemila afroamericani sono stati linciati senza che uno solo degli assassini sia stato condotto davanti ai tribunali e condannato!

L'Organizzazione per l'unità afroamericana, consapevole dell'aumentata violenza che gli afroamericani sono costretti a subire e dell'aperta tolleranza che di fronte ad essa mostrano in tutto il paese la polizia e gli organi federali, afferma il nostro dovere e diritto a difenderci per poter sopravvivere come popolo.

Incoraggiamo tutti gli afroamericani a difendersi contro gli attacchi a sorpresa degli aggressori razzisti, il cui solo scopo è di negarci le garanzie contenute nella Carta dei diritti dell'uomo delle Nazioni Unite e nella stessa Costituzione degli Stati Uniti.

L'Organizzazione per l'unità afroamericana prenderà in privato le necessarie misure per assicurare la sopravvivenza degli afroamericani di fronte all'aggressione razzista e per garantire la difesa delle nostre donne e dei nostri bambini. Siamo nel nostro diritto quando affermiamo che gli afroamericani – che adempiono i loro obblighi nei confronti del governo degli Stati Uniti e, come tutti gli altri cittadini americani, pagano le tasse e prestano il servizio militare – devono anche esigere che quel governo tenga fede agli obblighi che ha verso di noi. È inutile dire che tra questi comprendiamo la tutela di certi diritti inalienabili, come la vita, la libertà e la ricerca della felicità.

Là dove il governo degli Stati Uniti si è rivelato incapace e/o non disposto ad assicurare alla giustizia gli oppressori razzisti, gli assassini che ammazzano adulti e bambini innocenti, l'Organizzazione per l'unità afroamericana sostiene che la nostra gente debba assicurarsi che sia fatta giustizia a qualunque prezzo e *con tutti i mezzi necessari*.

PROBLEMI NAZIONALI

Terminologia generale

Noi afroamericani siamo ben disposti verso tutte le persone di buona volontà. Non siamo contrari ad associazioni composte da gente di diversa origine etnica ed estrazione sociale. Abbiamo avuto molte esperienze che ci permettono di vedere i limiti e gli aspetti negativi di situazioni in cui gli esseri umani vengono divisi uno dall'altro in base alle cosiddette caratteristiche *razziali*.

Noi non abbiamo creato l'ambiente pieno di pregiudizi in cui viviamo e dobbiamo guardare in faccia la realtà. C'è una società «razziale» in cui non esiste alcuna uguaglianza per i neri e perciò noi, che non siamo bianchi, siamo costretti ad affrontare problemi ereditati da secoli di ineguaglianza e a sopportare situazioni il più razionalmente possibile.

Per garantirci la sopravvivenza è assolutamente necessario conservare la qualità etnica della nostra unità. Diciamo questo perché le nostre esperienze, alle quali si aggiunge la riprova della storia, mostrano che la cultura africana e afroamericana non possono essere riconosciute né adeguatamente espresse, né hanno la garanzia di sopravvivere se noi restiamo le vittime divise e impotenti di una società oppressiva.

Sappiamo benissimo che la mescolanza etnica può essere un vantaggio per tutti quando c'è l'uguaglianza e c'è la giustizia. Comunque dobbiamo denunciare tutti coloro che con le loro regole o azioni rinnegano la giustizia nei rapporti con gli altri, indipendentemente dal fatto che i soprusi provengano dal potere, dal privilegio di classe o di «razza». Dobbiamo unirci per difenderci dal sopruso o dallo sfruttamento.

Riteniamo che il termine *integrazione* sia falso e ingannevole, perché contiene implicitamente dei significati che gli afroamericani non possono accettare. Tale terminologia è stata applicata ad alcuni progetti che sembrano «accettabili» per certe classi, il che, implicitamente, equivale a stabilire criteri di superiorità o d'inferiorità, invece di riconoscere la vera fonte dell'ineguaglianza alla base di tutto il problema.

Abbiamo notato che l'uso del termine «integrazione» fu designato e promosso da coloro che vogliono continuare, sia pure in forma apparentemente meno dura, la discriminazione etnica e che intendono mantenere il controllo socioeconomico di tutti i rapporti umani, servendosi di immagini, classificazioni, percentuali e regolamenti fondati sul colore, l'origine nazionale, le caratteristiche «razziali».

Un'analisi critica delle recenti esperienze rivela che l'«integrazione» descrive il processo mediante il quale una società bianca è e rimane in condizione di servirsi o no, quando e come vuole, del talento dei non-bianchi. Questa ragnatela di potere continua a costruire una società in cui i contributi migliori degli afroamericani, e in realtà di tutti i non-bianchi, vengono assorbiti senza che se ne parli, o sfruttati a beneficio di pochi privilegiati, mentre le masse, sia bianche che di colore, vivono in condizioni ingiuste e oppressive.

Siamo consapevoli del fatto che, a causa dell'oppressione, della discriminazione e del conseguente scoraggiamento, disperazione e rassegnazione, molti di noi non hanno sufficienti capacità tecniche e sono impreparati a svolgere lavori di un certo livello. Ma proprio là dove non siamo preparati e non abbiamo delle specializzazioni, è necessario che ci aiutiamo l'uno con l'altro e ci organizziamo in modo da migliorare le nostre condizioni come gruppo. È allora che le nostre richieste di piena opportunità per gli afroamericani potranno essere fatte su una base di uguaglianza, in assoluto contrasto con il calcolato gradualismo e le elemosine dell'«integrazione». Perciò dobbiamo respingere questo termine che è sulla bocca di tutti coloro che intendono condurci sulla strada sbagliata.

Un altro termine, *negro*, è ugualmente usato in modo erroneo e suona insulto alle orecchie di qualunque persona informata e rispettosa della sua dignità, di origine africana. Esso sottolinea caratteristiche stereotipe e infamanti e classifica un intero settore dell'umanità in base a delle false conoscenze. Dal punto di vista di qualsiasi persona intelligente, quel termine è un'etichetta di schiavitù e contribuisce a perpetuare l'oppressione e la discriminazione.

Coloro che sono in grado di riconoscere la carica emotiva e l'accento spregiativo contenuti nell'uso che i bianchi del Sud fanno del termine *nigra* e in generale di *nigger*, devono anche ammettere che tutte e tre queste parole sono essenzialmente la stessa cosa. «Nigra» e «nigger» sono ingiurie dirette e non possono ingannare, mentre l'altra parola che rappresenta la rispettabilità della stessa condizione – «negro» – non è altro che la medesima sostanza posta in un involucro ben lustrato e scritto con la lettera maiuscola. Una tale raffinatezza viene aggiunta in modo da poter consentire l'uso legittimo di una terminologia spregiativa senza imbarazzo, e ciò sia nelle opere a stampa in generale che nella conversazione di gente bene educata.

Il termine «negro» deriva da un'altra parola spagnola che in realtà è un aggettivo che vuol dire «nero», riferendosi solo al *colore.* In inglese, se qualcuno dicesse o fosse chiamato «nero» o «scuro», anche a un ragazzo verrebbe fatto di domandarsi: «nero cosa?», «scuro cosa?». Infatti gli aggettivi descrivono e non definiscono. Osservate che, per servirsi di questo meccanismo, si prese una parola da un'altra lingua e se ne cambiò la funzione, per cui di un aggettivo si fece un sostantivo. Tale applicazione in questo senso fu fatta a bella posta per definire persone che in realtà si trovavano nella condizione di cose. Questo termine, preceduto dall'articolo, vuol dire chiaramente che «sono tutti uguali, tutti gli stessi», che cioè un *nigger* è uno schiavo, un subumano, un ex schiavo, un «negro».

Gli afroamericani devono considerare criticamente l'uso che facciamo di tale termine e, per far ciò, è necessario che abbiano chiari tutti i dati. Alla luce dei significati storici e delle implicazioni attuali, tutti gli afroamericani e gli africani intelligenti e bene informati respingono l'uso del termine, sia come sostantivo che come aggettivo. Tale uso avrà sempre più il carattere di una forma rozza, criticabile o deliberatamente offensiva sia nella lingua parlata che in quella scritta.

Per designare persone di origine africana, noi accettiamo i termini «afroamericano», «africano» e «nero» [*black, black man*]. Tale dovuto rispetto è tributato a qualsiasi altro settore dell'umanità: noi non ne vogliamo di più, ma non siamo neanche disposti ad accettarne di meno.

Considerazioni generali

Come tutti gli altri popoli, gli afroamericani hanno diritti inalienabili, e cioè quei diritti umani che, né per legge né secondo giustizia, possono essere trasferiti ad altri. I nostri diritti umani ci appartengono, come appartengono a tutti gli altri popoli, tramite Dio e non per i desideri o i capricci degli altri uomini.

Dobbiamo considerare quel fatto e gli altri motivi per cui un Proclama di «emancipazione» non può né deve essere considerato come un documento di liberazione. L'averlo accettato e l'aver riposto in esso tanta fiducia è stato un criterio puramente dettato dal sentimento e non dalla realtà. Questo è un problema molto serio che noi afroamericani dobbiamo continuare a porci criticamente.

Il significato originario della parola «emancipazione» è «dichiarare libero o rinunciare alla proprietà tramite un contratto formale sottoscritto dal compratore». È necessario ricordare che gli esseri umani non possono *secondo giustizia* essere comprati o venduti, né è lecito, *secondo la legge*, che vengano privati dei loro diritti umani.

La schiavitù era, ed è ancora, un'istituzione criminale, un delitto di massa. Non importa sotto quale forma si presenti, se come regolamenti e leggi ipocrite o come *apartheid*: la schiavitù e l'oppressione di diritti umani che essa incarna sono dei delitti fondamentali contro Dio e l'umanità. Perciò cercare di mitigare o mutare il carattere di quelle azioni criminali, per mezzo di una vaga legislazione e di nobili eufemismi, finisce per non essere altro che una conferma di quell'orribile forma di oppressione.

I nostri antenati, e ancora oggi alcuni afroamericani, non capirono tutte le implicazioni e le conseguenze della schiavitù. Anche oggi si cerca di evitare di parlarne, ma i fatti restano e noi afroamericani consapevoli non siamo disposti né ad approvare né a incoraggiare la fiducia nell'«emancipazione». Dobbiamo capire che continuare a credere in quell'idea equivale ad accettare di essere considerati come proprietà e perciò inferiori agli esseri umani. Anche questo problema è d'importanza cruciale e gli afroamericani devono continuare a porselo criticamente.

Nelson Mandela
(1918-)

*Nel 1964 Nelson Mandela, ormai in carcere da due anni, subisce il processo che lo condannerà all'ergastolo per cospirazione e alto tradimento. Il 20 aprile 1964 Mandela prende la parola in aula e legge un lungo testo che si era preparato in carcere. In questo testo ricostruisce i motivi che in gioventù lo hanno condotto a scegliere l'impegno politico; che cosa si prefiggeva nella sua lotta politica e quali erano gli obiettivi dell'*ANC *[African National Congress]; come combattere la povertà e come stabilire la pari dignità tra neri e bianchi. È il percorso che con pazienza intraprenderà 25 anni dopo. È forse uno dei pochi sogni che hanno avuto l'occasione di realizzarsi e di non suscitare rimpianti o delusioni.*

Dopo tutto, sono nato a Umtata, quarantasei anni orsono. Il mio tutore fu un mio cugino, che era il capo supremo reggente del Tembuland, e sono legato da parentela sia con l'attuale capo supremo del Tembuland, Sabata Dalinyebo, che con Kaizer Matanzina, il ministro capo del Transkei. Oggi sono attratto dall'idea di una società senza classi, un'attrazione questa che mi deriva in parte dalle letture marxiste e, in parte, dalla mia ammirazione per la struttura e l'organizzazione delle prime società africane di questo paese.

La terra, allora il principale fattore di produzione, apparteneva alla tribù. Non c'erano né ricchi né poveri, e non c'era sfruttamento. È vero, come ho già affermato, che sono stato influenzato dal pensiero marxista. Ma è vero anche per molti leader dei nuovi stati indipendenti. Persone tra loro diversissime come Gandhi, Nehru, Nkrumah e Nasser riconoscono questo fatto. Accettiamo tutti la necessità di una qualche forma di socialismo che permetta alla nostra gente di raggiungere i paesi avanzati di questo mondo e superare la loro eredità di povertà estrema. Ma questo non significa che siamo marxisti.

Invero, per quanto mi riguarda, credo che sia una questione non risolta se il Partito comunista abbia un ruolo specifico da svolgere in questa fase particolare della nostra lotta politica. Il compito principale, al momento attuale, è l'eliminazione della discriminazione razziale e l'ottenimento dei diritti democratici in base alla Carta della libertà. Nella misura in cui il partito agevola questo compito, accolgo positivamente la sua collaborazione. Capisco che si tratta di uno dei mezzi tramite cui persone di tutte le razze possono essere inserite nella nostra lotta.

Dalle mie letture di testi marxisti e dalle mie conversazioni con marxisti ho avuto l'impressione che i comunisti considerino il sistema parlamentare occidentale non democratico e reazionario. Ma, al contrario, io sono un ammiratore di quel sistema. La Magna Carta, la Dichiarazione dei diritti e il Bill of Rights sono documenti venerati dai democratici di tutto il mondo.

Ho grande rispetto per le istituzioni politiche e per il sistema giudiziario inglesi. Considero il parlamento inglese l'istituzione più democratica del mondo e l'indipendenza e l'imparzialità del potere giudiziario in Gran Bretagna non manca mai di suscitare la mia ammirazione.

Il Congresso americano, la dottrina americana della separazione dei poteri, come pure l'indipendenza del potere giudiziario, suscitano in me sentimenti simili. Il mio pensiero è stato influenzato sia dall'Ovest che dall'Est. Tutto questo mi ha portato a pensare che, nella mia ricerca di una formula politica, devo essere assolutamente imparziale e obiettivo. Non mi devo legare a nessun sistema particolare di società diversa dal socialismo. Devo essere libero di prendere il meglio dall'Ovest e dall'Est.

Ci sono alcuni documenti che indicano che abbiamo ricevuto aiuti finanziari dall'estero e desidero trattare la questione. La nostra lotta politica è sempre stata finanziata da fonti interne, da fondi raccolti tra la gente e tra i nostri sostenitori. Ogni qualvolta avevamo una campagna speciale o un importante processo politico, ad esempio il processo per alto tradimento, ricevevamo assistenza finanziaria da individui o organizzazioni, con noi solidali, nei paesi occidentali. Non abbiamo mai ritenuto necessario andare oltre queste fonti. Ma quando, nel 1961, fu formato l'Umkonto [l'ala combattente dell'ANC] e introdotta una nuova fase della lotta, ci rendemmo conto che questi eventi avrebbero pesato sulle nostre già misere risorse e che la portata delle nostre attività avrebbe risentito della mancanza di fondi. Una delle istruzioni che ricevetti quando andai all'estero nel gennaio del 1962 fu quella di raccogliere fondi dagli stati africani.

Devo aggiungere che, mentre ero all'estero, ebbi discussioni con leader di movimenti politici in Africa e scoprii che in pratica tutti quelli delle aree che non avevano ancora ottenuto l'indipendenza avevano ricevuto ogni tipo di assistenza, compreso l'aiuto finanziario, dai paesi socialisti come da quelli occidentali. Scoprii anche che alcuni stati africani molto noti, tutti non comunisti o addirittura anticomunisti, avevano ricevuto una simile assistenza. Al mio ritorno nella Repubblica sudafricana, raccomandai all'ANC di non limitarci all'Africa e ai paesi occidentali, ma di inviare una missione nei paesi socialisti per raccogliere i fondi di cui avevamo così urgente bisogno.

Mi è stato detto che mentre ero in prigione è stata mandata tale missione, ma non voglio fare il nome dei paesi in cui si è recata, né ho la libertà di svelare i nomi delle organizzazioni e dei paesi che ci hanno dato un sostegno o che hanno promesso di farlo.

Secondo quello che capisco nell'accusa dello stato, e in particolare nella prova di «mister X», si sostiene che l'Umkonto era un'emanazione del Partito comunista che, facendo leva su lamentele immaginarie, cercava di arruolare gli africani in un esercito che apparentemente avrebbe dovuto combattere per la libertà africana, ma che in realtà combatteva per la costruzione di uno stato comunista. Niente può essere più lontano dal vero. In realtà questa affermazione è ridicola. L'Umkonto è stato formato da africani per far avanzare la lotta per la libertà nella loro terra. Comunisti e altri sostennero il movimento, e il nostro unico desiderio è che altre sezioni della comunità si uniscano a noi.

La nostra lotta è contro sofferenze reali, non immaginarie, o, per usare la terminologia del pubblico ministero, «cosiddette sofferenze». Fondamentalmente, combattiamo contro due elementi chiave della vita africana in Sudafrica, che sono rafforzati dalla legislazione che vorremmo vedere eliminata. Questi elementi sono la povertà e la mancanza di dignità umana, e non abbiamo bisogno che comunisti o cosiddetti «agitatori» ci vengano a insegnare queste cose.

Il Sudafrica è il paese più ricco dell'Africa e potrebbe essere uno dei paesi più ricchi del mondo. Ma è una terra di estremi ed evidenti contrasti. I bianchi godono di un livello di vita che è probabilmente il più elevato del mondo, mentre gli africani vivono nella povertà e nella miseria. Il 40 per cento degli africani vive in riserve, irrimediabilmente sovraffollate e, in alcuni casi, miserabili, dove l'erosione del suolo e l'eccessivo sfruttamento della terra rendono impossibile vivere in modo adeguato.

Un altro 30 per cento è costituito da braccianti, fittavoli e manovali nelle aziende agricole dei bianchi, che lavorano in condizioni simili a quelle dei servi della gleba nel medioevo. Il restante 30 per cento vive nelle città dove hanno sviluppato abitudini economiche e sociali che li rendono simili, sotto molti aspetti, ai livelli di vita dei bianchi. Tuttavia la gran parte degli africani, anche in questo gruppo, è impoverita dai redditi bassi e dall'elevato costo della vita.

Il gruppo urbano meglio pagato e più prospero vive a Johannesburg. Purtroppo, le sue condizioni effettive sono disperate. Gli ultimi dati sono stati resi noti il 25 marzo 1964 dal signor Carr, direttore del dipartimento per gli Affari non europei di Johannesburg. La linea della povertà per una famiglia media africana che vive a Johannesburg (secondo il dipartimento del signor Carr) è 42,84 rand al mese. Egli stesso ha indicato che il salario medio mensile è di 32,24 rand e che il 46 per cento di tutte le famiglie africane di Johannesburg non guadagna abbastanza per tirare avanti.

La povertà si accompagna alla denutrizione e alle malattie. L'incidenza di malattie dovute alla denutrizione e a carenze alimentari è molto elevata tra gli africani. Tubercolosi, pellagra, kwashiorkor, gastroenterite e scorbuto seminano morte e insidiano la salute. L'incidenza della mortalità infantile è una delle più elevate al mondo. Secondo l'ufficiale medico sanitario di Pretoria, la tubercolosi uccide quaranta persone al giorno (pressoché tutte africane), e nel 1961 sono stati riportati 58.491 nuovi casi. Queste malattie non solo distruggono gli organi vitali del corpo, ma provocano ritardi mentali e mancanza di iniziativa, e riducono le facoltà di concentrazione. Effetti collaterali di tali condizioni si ripercuotono negativamente su tutta la comunità e sulla qualità del lavoro svolto dai lavoratori africani. Ciò che lamentano gli africani, tuttavia, non è solo il fatto che essi sono poveri mentre i bianchi sono ricchi, ma che le leggi fatte dai bianchi sono tese a mantenere questa situazione.

Ci sono due modi per uscire dalla povertà. Il primo è rappresentato dall'istruzione formale e il secondo è dato dalla acquisizione da parte del lavoratore di qualificazioni professionali più elevate e, quindi, di salari più alti. Per quanto riguarda gli africani, tutte e due queste strade di avanzamento sono deliberatamente limitate dalla legislazione. L'attuale governo ha sempre cercato di ostacolare gli africani nella loro volontà d'istruirsi.

Una delle sue prime misure, appena salito al potere, è stata quella di sospendere le sovvenzioni per i pasti nelle scuole africane. Molti bambini africani che andavano a scuola dipendevano da questo sostegno alle loro diete. È stata un'azione crudele.

Tutti i bambini bianchi frequentano la scuola dell'obbligo a un costo pressoché nullo per i loro genitori, siano essi ricchi o poveri.

Per i bambini africani non esistono analoghe agevolazioni, sebbene ce ne siano alcuni che ricevono l'assistenza. I bambini africani, comunque, generalmente per andare a scuola devono pagare di più di quelli bianchi. Secondo i dati riportati dall'Istituto sudafricano per le relazioni tra le razze (South African Institute of Race Relations) nel suo bollettino del 1963, circa il 40 per cento dei bambini africani nel gruppo di età tra sette e quattordici anni non va a scuola. Per coloro che vanno a scuola, le prestazioni offerte sono molto diverse da quelle riservate ai bambini bianchi. Nel 1960-61 si è stimato che la spesa governativa pro capite per gli studenti africani nelle scuole sovvenzionate dallo stato si è aggirata intorno a 12,46 rand. Negli stessi anni la spesa pro capite per i bambini bianchi nella provincia del Capo (sono gli unici dati a mia disposizione) è stata 144,57 rand. Sebbene non disponga di dati più precisi, si può affermare senza dubbio che i bambini bianchi, per ciascuno dei quali sono stati spesi 144,57 rand, provenivano tutti da famiglie più abbienti di quelle dei bambini africani, per ciascuno dei quali si sono spesi 12,46 rand.

È diversa anche la qualità dell'istruzione. Secondo il «Bantu Educational Journal», soltanto 5660 bambini africani in tutto il Sudafrica hanno ottenuto nel 1962 il diploma di scuola superiore e, in quell'anno, soltanto 362 hanno superato l'esame di immatricolazione. Presumibilmente, questi dati sono in linea con la politica della *Bantu Education* (Istruzione bantu) in merito alla quale l'attuale Primo ministro ha detto, nel corso del dibattito del 1953 sul Bantu Education Bill: «Quando avrò il controllo del sistema scolastico degli indigeni lo riformerò in modo che verrà loro insegnato, fin dall'infanzia, che la parità con gli europei non è per loro... Chi crede nella parità non è un insegnante desiderabile per gli indigeni. Quando il mio dipartimento controllerà il sistema scolastico, un indigeno saprà a quale classe di istruzione superiore dovrà andare e se avrà o meno la possibilità nella vita di utilizzare il suo sapere».

L'altro ostacolo principale all'avanzamento economico dell'africano è rappresentato dalla «barriera del colore» esistente nel settore industriale, in base a cui tutti i migliori posti di lavoro nell'industria sono riservati ai soli bianchi. Inoltre, gli africani che ottengono un impiego nelle occupazioni non qualificate e semiqualificate ad essi aperte non possono formare sindacati che siano riconosciuti ai termini dell'Industrial Conciliation Act (Legge sulle conciliazione industriale). Questo significa che gli scioperi degli africani sono illegali, e che è loro negato il diritto alla contrattazione collettiva, che è invece riconosciuto ai lavoratori bianchi, meglio pagati. La discriminazione nella politica dei governi sudafricani succedutisi nel paese verso i lavoratori africani è dimostrata dalla cosiddetta «politica del lavoro civilizzato», in base alla quale sono riservati, ai lavoratori bianchi che non possono rientrare in un livello elevato nell'industria, posti di lavoro protetti, non qualificati, nell'amministrazione pubblica con salari che superano di gran lunga le retribuzioni medie di un dipendente africano dell'industria.

Il governo risponde spesso alle critiche sostenendo che gli africani in Sudafrica sono economicamente più benestanti degli abitanti degli altri paesi in Africa. Non so se tale affermazione sia vera e dubito che sia possibile fare qualsiasi comparazione senza tener conto dell'indice del costo della vita in tali paesi. Ma, anche se fosse vero, per quanto riguarda la popolazione africana è un dato irrilevante. Ciò di cui ci lamentiamo non è la nostra povertà rispetto agli abitanti d'altri paesi, ma la nostra povertà in confronto alla popolazione bianca del nostro paese, e che la legislazione ci impedisce di modificare questo squilibrio.

La mancanza di dignità umana sperimentata dagli africani è un risultato diretto della politica della supremazia dei bianchi. Essa implica l'inferiorità dei neri. La legislazione designata a mantenere la supremazia dei bianchi rafforza questa nozione. I lavori umili in Sudafrica sono, invariabilmente, svolti da africani. Quando ha bisogno di trasportare o pulire qualcosa l'uomo bianco si guarderà intorno per cercare un africano che lo faccia per lui, indipendentemente dal fatto se l'africano sia o meno a suo servizio. Dato questo atteggiamento, i bianchi tendono a considerare gli africani una specie animale diversa. Non li considerano persone che hanno la loro famiglia, non si rendono conto che hanno emozioni e si innamorano come fanno i bianchi, che vogliono stare con le mogli e i figli come i bianchi vogliono stare con i loro, che vogliono guadagnare sufficientemente per mantenere in modo adeguato le loro famiglie, nutrirle e vestirle e mandarle a scuola. E quale *house-boy* (domestico) o *garden-boy* (giardiniere) o bracciante potrà mai sperare di riuscirci? Le leggi sui passaporti interni (*pass*), che per gli africani sono le leggi più odiate del Sudafrica, rendono ogni africano soggetto a controlli di polizia in qualsiasi momento. Dubito che ci sia in Sudafrica un solo africano che, a un certo punto, non abbia avuto una lite con la polizia per il suo *pass*. In base alle leggi sui passaporti interni, ogni anno vengono sbattuti in galera centinaia di migliaia di africani. Ancor peggiore di questo è il fatto che le leggi sui *pass* tengono separati marito e moglie e portano alla distruzione della vita familiare.

La povertà e la distruzione della vita familiare producono ulteriori effetti. I bambini girovagano per le strade delle *township* perché non hanno una scuola dove andare o denaro che permetta loro di andare a scuola o genitori a casa che controllino che vadano a scuola, perché tutti e due i genitori (se sono due) devono lavorare per mandare avanti la famiglia. Ciò porta alla catastrofe dei principi morali, a un allarmante aumento di situazioni illegittime, e a una crescente violenza che dilaga non solo politicamente, ovunque!

La vita nelle *township* è pericolosa. Non passa un giorno senza che ci sia qualcuno che venga pugnalato o aggredito. E la violenza esce dalle *township* e arriva nelle aree residenziali dei bianchi. La gente ha paura di uscire la sera da sola. Aumentano furti e rapine nelle case, malgrado il fatto che ora per tali reati si può essere condannati a morte. La pena di morte non può curare la piaga.

Gli africani vogliono percepire un salario che permetta loro di vivere. Gli africani vogliono fare il lavoro che sono capaci di fare e non un lavoro che il governo dichiara che sono capaci di fare. Gli africani vogliono avere la possibilità di vivere dove trovano un lavoro e non essere cacciati da un'area perché non ci sono nati. Gli africani vogliono avere la possibilità di possedere la terra nei luoghi dove lavorano, e non essere obbligati a vivere in case prese in affitto che non potranno mai sentire proprie. Gli africani vogliono fare parte della popolazione generale e non essere confinati a vivere nei ghetti. Gli uomini africani vogliono che le mogli e i figli vivano con loro dove lavorano, e non essere costretti a condurre un'esistenza innaturale negli ostelli per soli uomini. Le donne africane vogliono stare coi loro uomini e non essere lasciate permanentemente in uno stato di vedovanza nelle riserve. Gli africani vogliono poter uscire dopo le undici di sera e non essere confinati nelle loro stanze come se fossero dei bambini. Gli africani vogliono avere la possibilità di viaggiare nel proprio paese e cercare lavoro dove vogliono e non dove dice loro di andare l'ufficio del lavoro. Gli africani vogliono la loro giusta parte di tutto il Sudafrica; vogliono la sicurezza e un ruolo nella società.

Oltre a tutto ciò, vogliono pari diritti politici, perché senza di essi le nostre menomazioni saranno permanenti. So che ai bianchi di questo paese ciò sembra rivoluzionario, perché la maggior parte degli elettori sarà africana. Ciò fa sì che i bianchi abbiano paura della democrazia. Ma non può essere consentito che questa paura blocchi la strada all'unica soluzione che garantisce l'armonia tra le razze e la libertà per tutti. Non è vero che la concessione a tutti del diritto di voto porterà a una dominazione razziale. La divisione politica basata sul colore è totalmente artificiale e, quando scomparirà, scomparirà anche la dominazione di un gruppo di un colore su un altro. L'ANC ha speso mezzo secolo a combattere contro il razzismo. Quando trionferà non cambierà questa politica.

È quindi questo, ciò per cui combatte l'ANC. La sua lotta è realmente nazionale. È una lotta del popolo africano, che trae ispirazione dalle sue sofferenze ed esperienze. È una lotta per il diritto di vivere. Nel corso della mia vita mi sono dedicato a questa lotta del popolo africano. Ho combattuto contro la dominazione bianca e ho combattuto contro la dominazione nera. Ho accarezzato l'ideale di una società democratica e libera in cui tutte le persone vivano insieme in armonia e con pari opportunità.

È un ideale, per il quale spero di vivere e che spero di raggiungere. Ma, se sarà necessario, è un ideale per il quale sono pronto a morire.

I SUSCITATORI DI SOGNI

... E morì come tutti si muore
come tutti cambiando colore.
Non si può dire che sia servito a molto
perché il male dalla terra non fu tolto.
Ebbe forse un po' troppe virtù ...

Fabrizio De André, *Si chiamava Gesù*

Filippo Tommaso Marinetti
(1876-1944)

Il Manifesto del futurismo, *pubblicato su «Le Figaro» il 20 febbraio 1909, è il sogno della velocità, l'esaltazione dell'estetica della macchina come segno del nuovo contro il vecchio. È anche l'estasi per la forza, la passione per la novità, il gusto della dissacrazione e dello scandalo. Un urlo e un sentimento di rivolta contro la tradizione, accompagnato dalla diffidenza per la tecnologia e dalla retorica dell'antiscienza. Ecco i punti fondamentali della rivolta futurista.*

1. Noi vogliamo cantare l'amor del pericolo, l'abitudine all'energia e alla temerità.
2. Il coraggio, l'audacia, la ribellione saranno elementi essenziali della nostra poesia.
3. La letteratura esaltò fino a oggi l'immobilità pensosa, l'estasi e il sonno. Noi vogliamo esaltare il movimento aggressivo, l'insonnia febbrile, il passo di corsa, il salto mortale, lo schiaffo e il pugno.
4. Noi affermiamo che la magnificenza del mondo si è arricchita di una bellezza nuova: la bellezza della velocità. Un'automobile da corsa col suo cofano adorno di grossi tubi simili a serpenti dall'alito esplosivo... un'automobile ruggente, che sembra correre sulla mitraglia, è più bella della *Vittoria di Samotracia*.
5. Noi vogliamo inneggiare all'uomo che tiene il volan-

te, la cui asta ideale attraversa la Terra, lanciata a corsa, essa pure, sul circuito della sua orbita.

6. Bisogna che il poeta si prodighi, con ardore, sfarzo e munificenza, per aumentare l'entusiastico fervore degli elementi primordiali.
7. Non v'è più bellezza, se non nella lotta. Nessuna opera che non abbia un carattere aggressivo può essere un capolavoro. La poesia deve essere concepita come un violento assalto contro le forze ignote, per ridurle a prostrarsi davanti all'uomo.
8. Noi siamo sul promontorio estremo dei secoli!... Perché dovremmo guardarci alle spalle, se vogliamo sfondare le misteriose porte dell'Impossibile? Il Tempo e lo Spazio morirono ieri. Noi viviamo già nell'assoluto, poiché abbiamo già creata l'eterna velocità onnipresente.
9. Noi vogliamo glorificare la guerra – sola igiene del mondo –, il militarismo, il patriottismo, il gesto distruttore dei libertari, le belle idee per cui si muore e il disprezzo della donna.
10. Noi vogliamo distruggere i musei, le biblioteche, le accademie d'ogni specie, e combattere contro il moralismo, il femminismo e contro ogni viltà opportunistica o utilitaria.
11. Noi canteremo le grandi folle agitate dal lavoro, dal piacere o dalla sommossa, canteremo le maree multicolori e polifoniche delle rivoluzioni nelle capitali moderne; canteremo il vibrante fervore notturno degli arsenali e dei cantieri incendiati da violente lune elettriche; le stazioni ingorde, divoratrici di serpi che fumano; le officine appese alle nuvole pei contorti fili dei loro fumi; i ponti simili a ginnasti giganti che scavalcano i fiumi, balenanti al sole con un luccichio di coltelli; i piroscafi avventurosi che fiutano l'orizzonte, e le locomotive dall'ampio petto, che scalpitano sulle rotaie, come enormi cavalli d'acciaio imbrigliati di tubi, e il volo scivolante degli aeroplani, la cui elica garrisce al vento come una bandiera e sembra applaudire come una folla entusiasta.

È dall'Italia che noi lanciamo pel mondo questo nostro manifesto di violenza travolgente e incendiaria, col quale fondiamo oggi il Futurismo, perché vogliamo liberare questo paese dalla sua fetida cancrena di professori; d'archeologi, di ciceroni e d'antiquarii.

Gabriele D'Annunzio
(1863-1938)

Questo è il testo del discorso tenuto all'Augusteo di Roma il 4 maggio 1919, in cui D'Annunzio incita il popolo a non accettare le condizioni dell'armistizio e dei trattati di pace, e rivendica l'annessione di Fiume all'Italia. Il tema è quello proprio della retorica dei morti e dei caduti che guidano gli arditi alla riscossa e alla vittoria; dei morti per la causa che santificano quest'ultima e testimoniano della vittoria finale. Un tema e un'immagine che è costante in tutti i discorsi politici del nazionalismo europeo e dei movimenti di piazza del Novecento.

Vi sta nella memoria la sera del 13 maggio, quando tutto pareva perduto, quando eravamo sul punto d'esser venduti come una greggia infetta? Vi ricordate di quella voce che gettò l'allarme e non temette d'incitare alla violenza i cittadini?

«La storia vostra si fece nelle botteghe dei rigattieri e dei cenciaiuoli? Le bilance della vostra giustizia crollavano forse dalla banda ov'era posto un tozzo da maciullare, un osso da rodere? Il vostro Campidoglio era forse un banco di barattatori e di truffardi? La gloria vi s'affaccendava e ciangottava da rivendugliola? Non ossi, non tozzi, non cenci, non baratti, non truffe. Basta! Rovesciate i banchi! Spezzate le false bilance!»

Quella voce è la stessa che oggi vi parla. Ed è la stessa fede: ed è lo stesso ardore, lo stesso ardire.

Non lasciate il leale governo d'Italia ritornare verso quei banchi. Non date a pesare in quelle bilance il nostro sangue schietto.

In tale ardire è la nostra salute. Non in altro che nell'ardire oggi è la nostra salute, Italiani. Credetemi.

A NOI! [...]

In una mattina dell'aprile recente, sul bivio solitario fu scoperto un monumento semplice, dedicato agli ultimi morti della guerra d'Italia.

Assisteva alla cerimonia severa, con i combattenti della Terza Armata, il Duca d'Aosta.

Pareva che l'odore del lauro funebre e trionfale si spandesse per tutta la landa tranquilla. Emanuele Filiberto di Savoia si scoperse, stette un poco in silenzio; poi disse con la sua voce magnetica: «Questi ultimi morti, che oggi onoriamo, al nostro cuore sono i più santi e i più belli. Veterani di cento prove, rimasti incolumi, giovinetti imberbi, frementi di speranze e di sogni, scagliarono l'anima oltre la morte, oltre il destino, consapevoli, nell'attimo stesso in cui la battaglia stava per essere interrotta!».

Compagni, fratelli, bisognerebbe ascoltare in ginocchio il racconto. Era il principio di novembre. Rotta la fronte nemica, la Terza Armata avanzava nella pianura veneta con una celerità che di tratto in tratto rompeva le resistenze opposte dall'Austriaco per salvare almeno il grosso delle sue truppe e dei suoi carriaggi. La 23ª Divisione dei Bersaglieri con i suoi quattro reggimenti – secondo e terzo della settima brigata, ottavo e tredicesimo della sesta – e con i Cavalleggeri di Aquila, avanguardia impetuosa, precorreva la vittoria.

La mattina del 4 novembre passò il Tagliamento sul ponte di Madrisio mal distrutto; e proseguì con eguale impeto fino ad Ariis, travolgendo ogni contrasto. Le aprivano la via i Bersaglieri dell'ottavo reggimento e tre squadroni dei Cavalleggeri di Aquila.

Pareva che la rottura del ponte sul fiume Stella, operata dal nemico presso Ariis, e il tiro incessante delle mitragliatrici poste lungo la riva a sinistra, fossero per interrompere la furia piumata. Ma, con l'aiuto dei Cavalleggeri scesi di sella, i Bersaglieri riattarono il ponte sotto il fuoco, superarono l'insidia, lasciarono dietro di loro i feriti e i morti, passarono oltre, incalzando le truppe magiare – tenace retroguardia d'una Divisione di ulani appiedati –, e le raggiunsero al bivio.

Bisogna inginocchiarsi.

Questi fanti d'Italia, questi cavalieri d'Italia sapevano che stava per scoccare l'ora dell'armistizio. Lo sapevano.

Avevano l'ardore in bocca, il vigore nel petto, il cuore palpitante. Erano giovani. Vivevano. Il diritto alla vita stava per essere ricollocato sul dovere del sacrifizio. Essi potevano preservare il loro sangue, essi potevano ritenere nel loro pugno la loro sorte. L'ora stava per scoccare. Intendete, fratelli?

Bisogna inginocchiarsi.

Essi erano inebriati dall'ansia di spingere la vittoria quanto più lontano fosse dato al loro soffio, sul suolo riconquistato, prima che quell'ora scoccasse e segnasse il termine raggiunto. Potevano vivere e incoronarsi. Vollero incoronarsi e morire.

Mancavano solo cinque minuti alle ore quindici quando i Bersaglieri dell'ottavo reggimento e i Cavalleggeri di Aquila raggiunsero il nemico al bivio di Paradiso.

Quivi era l'ultima resistenza. Quivi era l'ultima gloria dei combattenti. Quivi era lo sguardo della Patria, quello sguardo che l'eroe sente sul suo cuore segreto, e il cuore gli balza.

Il nemico era protetto da fitte siepi di mitragliatrici che infilavano e spazzavano la strada. Chi ha combattuto sa che sia per il nudo coraggio l'insistenza rabbiosa della raffica. In un attimo fu deliberato l'assalto, fu deliberata la carica.

Inginocchiamoci.

La gente a piedi e quella a cavallo mossero in un solo impeto: lo squadrone di avanguardia nella strada, ai lati gli altri due. Il fante cercava di superare il cavaliere. Il cavaliere portava in groppa la potenza del fante. Mai fraternità d'armi fu più gloriosa.

Cedette all'urto fulmineo l'ultimo ostacolo che ci separava dalle terre profanate. L'ora scoccò. Il vinto alzò la bandiera bianca.

I nostri morti coprivano la polvere, coprivano l'erba. I nostri feriti sanguinavano, mordendosi i pugni nel rammarico della corsa interrotta. Tutti i muscoli degli assalitori frenati tremavano come tutte le penne della Vittoria.

Inginocchiamoci. Rialziamo quei morti. Gli ultimi saranno i primi, gli ultimi ci condurranno.

Sono i nostri Capi di oggi, sono i nostri condottieri di domani. Sono i condottieri del nostro orgoglio.

Una nazione che dà tali eroi può guardare l'avvenire come il campo riservato alla sua semenza. Chi avrà ragione della sua virtù e della sua gioventù?

Ecco un giovine Italiano, ecco un adolescente, Alberto Riva, della casata di Villa Santa, un Italiano di Sardegna, diciottenne. Suo padre era caduto nella battaglia il 7 giugno 1916. Quattro dei suoi consanguinei erano caduti nella battaglia. Al suo fianco un suo fratello era stato ferito. E non gli bastava.

Stirpe più che ferrea, silenziosa sublimità sarda, eroismo dalle labbra serrate, sacrifizio senza parola. L'isola non s'è risaldata al continente? C'è tuttavia il Tirreno tra noi e quel masso d'amore?

Al passaggio del Piave, al passaggio della Livenza, questo fanciullo aveva operato prodigi, conducendo il reparto d'assalto dell'ottavo reggimento di Bersaglieri. Il 4 novembre, all'ora precisa dell'armistizio, cadde anch'egli, alla testa dei suoi Arditi, colpito nell'atto del balzo, «per spingere la vittoria più lontano, per più accostarsi a quelli che ci aspettavano, a quelli che ancora ci aspettano».

Aveva diciott'anni. Ha diciott'anni. Ma è il nostro Capo. Dobbiamo seguirlo. Tutti lo seguiremo.

Ditelo. Gridatelo.

Romani, e c'era innanzi a tutti un cavaliere romano, il

tenente Augusto Piersanti di Roma, ucciso, col suo cavallo, pochi attimi prima dell'ora.

Rialzatelo. E rialzate il suo cavallo. S'egli si rimette in sella, sa dove andare.

Avete inteso il suo nome? Tenetelo a mente. Non lo dimenticate più.

Augusto Piersanti di Roma volle morire per coprire del suo corpo e del suo amore la sua terra, *qualche palmo più in là*. La sua mano era impigliata nella criniera del suo fedele.

Non gli decretate una statua equestre. Non ha bisogno del bronzo per essere eterno. È più potente del metallo imperiale. È vivo. È un Romano vivo. Sarà sempre vivo, quando colui che qui fu ospite indegno avrà chiuso i suoi mille occhi ciechi di pavone insulso.

Lo zoccolo del suo cavallo scalpita le lastre romane. Il collo del suo cavallo, dalla criniera ingemmata del sangue di Paradiso, si tende verso le colonne romane, laggiù, a Spalato, nel palazzo dell'Imperatore.

Non l'udite? Nitrisce.

Laggiù, su le vie dell'Istria, su le vie della Dalmazia, che tutte sono romane, non udite la cadenza di un esercito in marcia?

I morti vanno più presto dei vivi.

E per tutto ritrovano essi i segni dei legionarii.

Fuori la schiaveria bastarda e le sue lordure e le sue mandre di porci!

Con le Aquile e col Tricolore, troncati gli indugi, rinnovato il suo maggio, un'altra volta dal Campidoglio si muove l'Italia.

A NOI!

Ernesto *Che* Guevara
(1928-1967)

Testo dell'intervento con cui Guevara riconosce la necessità non solo di sostenere la resistenza del Vietnam, ma di accompagnarla , di condividerne la sua sorte. Fare come in Vietnam significa non solo resistere, ma ritrovare una dignità, non sottomettersi a un nemico potente e all'attacco militare di una grande superpotenza. Lo slogan che dà il titolo a questo testo – di cui qui si riproduce solo la parte conclusiva – diventerà uno dei motivi essenziali della mobilitazione politica e giovanile degli anni Sessanta. Il sogno del Vietnam era il sogno della sfida contro Golia, della possibilità del popolo nano di resistere alla sfida del gigante. Poi, a guerra finita, e una volta che il nano trionfò, la realtà del dopo si presentò più complicata e il Vietnam non sembrò più quel luogo innocente in cui la resistenza agli Stati Uniti era sinonimo di libertà.

Creare due, tre, molti Vietnam è la parola d'ordine

È l'ora dei forni e non si vedrà altro che luce.
José Martí

[...] Bisogna tener conto che l'imperialismo è un sistema mondiale, ultima tappa del capitalismo, e che bisogna batterlo in un grande scontro mondiale. Lo scopo strategico di questa lotta deve essere la distruzione dell'imperialismo. La parte che tocca a noi, sfruttati e sottosviluppati del mondo, è quella di eliminare le basi di sostentamento dell'imperialismo: i nostri popoli oppressi, dai quali gli imperialisti traggono capitali, materie prime, tecnici e operai a basso prezzo e dove esportano nuovi capitali – strumenti di dominio – armi e articoli di ogni genere, facendoci sprofondare in una dipendenza assoluta.

Elemento fondamentale di questo fine strategico sarà allora la liberazione reale dei popoli; liberazione che si attuerà mediante la lotta armata, nella maggior parte dei casi, e che in America assumerà quasi ineluttabilmente la caratteristica di trasformarsi in una Rivoluzione socialista.

Per mirare alla distruzione dell'imperialismo, bisogna individuarne la testa, che altro non è se non gli Stati Uniti d'America.

Dobbiamo eseguire un compito di carattere generale che abbia come scopo tattico di togliere il nemico dal suo ambiente, costringendolo a lottare in luoghi in cui le sue abitudini di vita urtino con la realtà dominante. Non bisogna sottovalutare l'avversario: il soldato americano ha notevoli capacità tecniche ed è spalleggiato da mezzi di tale ampiezza da renderlo temibile. Gli manca essenzialmente la motivazione ideologica che possiedono invece in altissimo grado i suoi più ostinati nemici odierni: i soldati vietnamiti. Potremo trionfare su questo esercito solo nella misura in cui riusciremo a minarne il morale. E il morale si mina infliggendogli sconfitte e causandogli sofferenze dietro sofferenze.

Ma questo piccolo schema di vittorie implica da parte dei popoli immensi sacrifici, sacrifici che devono essere richiesti, sin da oggi, alla luce del sole, e che forse saranno meno dolorosi di quelli che i popoli dovrebbero sopportare se evitassimo costantemente la battaglia, perché altri ci tolgano le castagne dal fuoco.

È chiaro che l'ultimo paese che si libererà, lo farà probabilmente senza lotta armata, e le sofferenze di una guerra lunga e crudele come quella che fanno gli imperialisti gli saranno risparmiate. Ma forse sarà impossibile evitare questa lotta e le sue conseguenze in un conflitto di carattere mondiale e forse si soffrirà tutti allo stesso modo o anche di più. Non possiamo predire il futuro, ma non dobbiamo mai cedere alla tentazione di essere gli alfieri di un popolo che pur anelando alla propria libertà rifiuta la lotta che questa implica e aspetta la libertà come una elemosina.

È giustissimo evitare ogni sacrificio inutile. Per questo è tanto importante chiarire le effettive possibilità di cui l'America dipendente dispone per liberarsi in modo pacifico. Per noi la risposta a questo interrogativo è chiara: il momento attuale potrà essere più o meno quello indicato per cominciare una lotta, ma non possiamo farci nessuna illusione, né abbiamo diritto ad ottenere la libertà senza combattere. E le lotte non saranno semplici combattimenti di strada, dove si gettano pietre contro i gas lacrimogeni, né scioperi generali pacifici; e non sarà nemmeno la lotta di un popolo infuriato che in due o tre giorni distrugge l'apparato repressivo delle oligarchie governanti; sarà una lotta lunga, cruenta, il cui fronte sarà nei rifugi dei guerriglieri, nelle città, nelle case dei combattenti, dove la repressione cercherà facili vittime tra i familiari, nella popolazione contadina massacrata, nelle città e nei villaggi distrutti dal bombardamento nemico.

A questa lotta ci costringono: non ci resta che prepararla e deciderci a intraprenderla.

Gli inizi non saranno facili; saranno anzi estremamente difficili. Tutta la repressione, la brutalità e la demagogia di cui le oligarchie sono capaci, verranno messe al servizio di questa causa. All'inizio la nostra missione sarà di sopravvivere, poi di attuare l'esempio perenne della guerriglia, realizzando la propaganda armata, secondo l'accezione vietnamita del termine, vale a dire la propaganda delle sparatorie, dei combattimenti vinti o perduti, ma comunque intrapresi contro i nemici. Il grande insegnamento dell'invincibilità della guerriglia farà presa sulle masse dei diseredati. La galvanizzazione dello spirito nazionale, la preparazione a compiti più duri, a resistere a repressioni più violente. L'odio come fattore di lotta, l'odio intransigente per il nemico, che spinge l'essere umano oltre i limiti naturali e lo trasforma in un'efficace, violenta, selettiva e fredda macchina per uccidere. I nostri soldati devono essere così; un popolo senza odio non può trionfare su un nemico brutale.

Bisogna condurre la guerra fin dove la conduce il nemico: nella sua casa, nei suoi luoghi di divertimento. Bisogna renderla totale. Bisogna impedirgli di avere un attimo di respiro fuori dalle caserme e dentro; attaccarlo in qualunque luogo si trovi, dargli la sensazione di essere una belva braccata dovunque vada. Allora il suo morale si abbasserà. Diventerà ancora più bestiale, ma si vedranno affiorare in lui i segni del decadimento.

E che si sviluppi un vero internazionalismo proletario, con eserciti proletari internazionali, dove la bandiera sotto la quale si combatte diventi la causa sacra della redenzione dell'umanità, si che morire sotto le insegne del Vietnam, del Venezuela, del Guatemala, del Laos, della Guinea, della Colombia, della Bolivia, del Brasile, per non citare che i teatri attuali della lotta armata, sia glorioso e desiderabile tanto per un americano che per un asiatico, un africano o anche un europeo.

Ogni goccia di sangue versata in un territorio sotto la cui bandiera non si è nati, è un'esperienza che chi sopravvive raccoglie per applicarla poi alla lotta di liberazione del suo paese d'origine. E ogni popolo che si libera è una fase vinta nella battaglia per la liberazione della propria gente.

È ora di moderare le nostre divergenze e mettere tutto al servizio della lotta.

Che grandi controversie agitino il mondo che combatte per la libertà, lo sappiamo bene e non possiamo nasconderlo. Che queste controversie abbiano raggiunto un carattere e un'asprezza tale che il dialogo e la conciliazione sembrano estremamente difficili se non impossibili, sappiamo anche questo. Cercare metodi per intavolare un dialogo che gli avversari evitano, è un compito inutile. Ma il nemico è là, colpisce tutti i giorni e ci minaccia con nuovi colpi e questi colpi ci uniranno, oggi, domani, dopodomani. Coloro che per primi capiranno questa esigenza e si prepareranno a questa unione necessaria, avranno il riconoscimento dei popoli.

Data la virulenza e l'intransigenza con la quale si difende ogni causa, noi, i diseredati, non possiamo prender partito per una o per l'altra forma in cui le divergenze si manifestano, anche se a volte siamo d'accordo con le posizioni di una parte piuttosto che con quella dell'altra. Nel momento della lotta, le forme in cui si manifestano le divergenze attuali costituiscono una debolezza. Ma allo stato in cui si trovano, volerle regolare con parole è un'illusione. La storia le cancellerà a poco a poco o darà loro il vero significato.

Nel nostro mondo in lotta, ogni divergenza a proposito della tattica, del metodo d'azione per il raggiungimento di obiettivi limitati deve essere analizzata con il rispetto dovuto alle opinioni altrui. In quanto al grande obiettivo strategico, la distruzione totale dell'imperialismo attraverso la lotta, dobbiamo essere intransigenti.

Riassumiamo così le nostre aspirazioni alla vittoria: distruzione dell'imperialismo mediante l'eliminazione del suo baluardo più forte: la dominazione imperialista degli Stati Uniti d'America. Assumere come missione tattica la liberazione graduale dei popoli, uno ad uno o a gruppi, costringendo il nemico a sostenere una lotta difficile fuori dal suo terreno; liquidando le sue basi di sostentamento che sono i territori dipendenti.

Questo significa una guerra lunga. E, lo ripetiamo ancora una volta, una guerra crudele. Che nessuno si faccia illusioni al momento di intraprenderla e che nessuno esiti a intraprenderla per timore delle conseguenze che potrà avere per il suo popolo. È quasi la sola speranza di vittoria.

Non possiamo restare sordi all'appello del momento. Ce lo insegna il Vietnam, con la sua continua lezione di eroismo, la sua tragica e quotidiana lezione di lotta e di morte per ottenere la vittoria finale.

Nel Vietnam, i soldati dell'imperialismo affrontano i

disagi di chi, abituato al livello di vita che la nazione nordamericana ostenta, deve affrontare una terra ostile; l'insicurezza di chi non può fare un passo senza sentire che percorre un territorio nemico; la morte di coloro che avanzano oltre le loro posizioni fortificate; l'ostilità continua di tutta la popolazione. Tutto ciò ha delle ripercussioni all'interno degli Stati Uniti e genera un fattore che l'imperialismo, in pieno vigore, attenua: la lotta di classe sul suo stesso territorio.

Come potremmo guardare a un futuro luminoso e prossimo se due, tre, molti Vietnam fiorissero sulla superficie terrestre, con la loro parte di morte e di immense tragedie, con l'eroismo quotidiano, con i ripetuti colpi assestati all'imperialismo, che si vedrebbe costretto a disperdere le sue forze, sotto gli assalti dell'odio crescente dei popoli del mondo!

E se tutti fossimo capaci di unirci, perché i nostri colpi fossero più solidi e sicuri, perché l'aiuto di ogni genere ai popoli in lotta fosse più efficace, come sarebbe grande e prossimo il futuro!

Se a noi, che in un piccolo punto della carta geografica del mondo compiamo il dovere che propugnamo e mettiamo al servizio della lotta quel poco che ci è permesso dare, la nostra vita, il nostro sacrificio, capitasse uno di questi giorni di esalare l'ultimo respiro su una terra qualsiasi, ormai nostra, intrisa del nostro sangue, si sappia che abbiamo misurato la portata dei nostri atti e che non ci consideriamo niente di più che elementi del grande esercito del proletariato, ma che ci sentiamo orgogliosi di aver imparato dalla Rivoluzione cubana e dal suo grande primo dirigente l'immensa lezione che emana dal suo atteggiamento in questa parte del mondo: «che importano i pericoli o i sacrifici di un uomo o di un popolo, quando è in gioco il destino dell'umanità?».

Ogni nostra azione è un grido di guerra contro l'imperialismo, è un appello vibrante all'unità dei popoli contro il grande nemico del genere umano: gli Stati Uniti d'America. In qualunque luogo ci sorprenda la morte, che sia la benvenuta, purché il nostro grido di guerra giunga a un orecchio ricettivo, e purché un'altra mano si tenda per impugnare le nostre armi e altri uomini si apprestino a intonare canti luttuosi con il crepitìo delle mitragliatrici e nuove grida di guerra e di vittoria.

Salvador Allende
(1908-1973)

Testo del discorso tenuto l'11 luglio 1971 in occasione del Giorno della solidarietà e della dignità nazionale. In questo discorso Allende rende operativa la decisione della nazionalizzazione del rame e dello sviluppo di un'economia nazionale basata sul controllo delle proprie risorse. Una decisione che simbolicamente mette in discussione gli assetti di dipendenza all'interno del continente americano tra Stati Uniti da una parte e economie nazionali dell'America Latina dall'altra. L'effetto di questa decisione sarà la sospensione dei crediti da parte degli Stati Uniti nei confronti del Cile e l'inizio di una iniziativa volta a mettere progressivamente in difficoltà non solo il governo Allende ma l'intera economia del paese. Il risultato sarà la crescita della protesta fino ai movimenti sociali dell'estate 1973, che conducono alla realizzazione del colpo di stato, nel settembre 1973. Si chiude con l'esperienza di Allende un ciclo di governi democratici in America Latina. Solo alla fine degli anni Novanta lo scenario di una nuova possibilità economica e politica di sviluppo riapre una stagione importante per l'America Latina.

Popolo del Cile, popolo di Rancagua:

oggi è il Giorno della dignità nazionale e anche della solidarietà. È il Giorno della dignità perché il Cile rompe con il passato, si erge con fiducia verso il futuro e inizia il cammino verso la sua definitiva indipendenza economica, che corrisponderà a una piena indipendenza politica.

Per questo, niente è più significativo della scelta, per parlare alla Patria, come suo Presidente, di Roncagua, e della sua Piazza degli Eroi [*Plaza de los Héroes*].

Qui si sente il passato, l'eroismo di coloro che, lottando, sacrificarono le loro vite per darci forma e contenuto di popolo; qui è presente l'immagine di O'Higgins, e qui possiamo dire al padre della Patria che siamo i suoi legittimi eredi e che è il popolo a vincere questa battaglia, la battaglia dell'Indipendenza e della Dignità nazionale.

(Applausi.)

È il Giorno della solidarietà perché il Cile, punito dalle forze scatenate dalla natura, la riceve fraterna dal suo popolo generoso e dai popoli fratelli nel mondo. Recentemente, temporali, piogge implacabili, il freddo e il peso della neve, hanno colpito le case, le industrie, hanno distrutto parte degli impianti, dei lavori agricoli. Ora, poche ore, pochi minuti fa si può dire, tre province sono state devastate da un violento sisma che ha portato dolore, miseria e sofferenza a migliaia di nostri compatrioti.

In questo giorno, che avrebbe dovuto essere di piena allegria, la tristezza e l'angoscia vivono lunghe ore nelle case di migliaia e migliaia di cileni. Ottantadue morti, centottantadue feriti gravi, ottanta meno gravi e centottanta lievi è la scia di dolore che lascia il sisma. Tuttavia, c'è qualcos'altro. Qualcosa che, sicuramente, non può essere paragonato alle vite perdute: gli uomini e le donne che potranno restare invalidi e che dovranno passare, molti di loro, anche se senza ferite gravi, un lungo periodo prima di poter tornare alla loro vita domestica e professionale.

Queste province sono state flagellate in campagna, in città, nelle industrie, nei servizi pubblici fondamentali... Uno studio approssimativo indica che dovremo investire più di nove milioni di scudi per riparare questi ospedali e i consultori. È notevole anche il numero di uffici pubblici distrutti, così come commissariati e caserme della guardia di finanza.

Voglio segnalare la potenza del sisma, dicendo che nella provincia di Coquimbo il 30 per cento delle abitazioni sono state danneggiate. Ad Aconcagua, nel dipartimento di Petorca, il 40 per cento. A Santiago il 4 per cento. A Valparaíso e Viña il 32 per cento. Un dato più preciso dimostra che a Illapel 718 case sono inagibili e 298 sono semidistrutte. Per questo motivo, questo giorno, che è il Giorno della dignità, deve diventare anche quello della solidarietà, e le province e gli uomini e le donne del Cile che sono stati colpiti dal vento, dalla pioggia e dalla neve, dovranno avere lo stesso coraggio del resto dei nostri compagni, come il resto dei cittadini, per risollevarsi e stare vicino agli abitanti delle zone colpite dal terremoto. Così il Cile dimostrerà la sua unità e la volontà del suo popolo.

(Applausi.)

Voglio sottolineare un fatto straordinario; come si è riunito il popolo di Rancagua; come sono presenti contadini, impiegati, professionisti e tecnici, donne e giovani; come scorgo da questa tribuna i caschi dei minatori, che portano, come testimoniano i loro dirigenti, di fronte alla storia e alla coscienza il loro impegno di lavoratori esemplari a produrre più rame e metterlo al servizio della Patria.

Sono qui presenti ministri dello stato, sottosegretari, dirigenti nazionali di organismi collegati alla produzione del rame, dirigenti della *Corporación de Fomento*. In questa stessa tribuna c'è il compagno presidente della *Central Única de Trabajadores*. Ci sono anche il comandante della guarnigione, tenente colonnello Raúl Martínez, il colonnello delle forze aeree signor Claudio Sepúlveda, il direttore della Società mineraria di El Teniente, il capo della terza zona della guardia di finanza, generale Sergio Moya. E voglio nominare, sottolineando il significato che assume la sua presenza in questa tribuna, poiché è venuto appositamente da Santiago, il cardinale della Chiesa cilena, Raúl Silva Henríquez.

(Applausi.)

Al di sopra delle posizioni, idee, principi, dottrine o convinzioni... il popolo del Cile si fonde per gridare:

VIVA IL CILE INDIPENDENTE E SOVRANO!

(Applausi.)

IL SOGNO DELLA PACE E DELLA CONCORDIA

... We shall live in peace,
we shall live in peace,
we shall live in peace some day.
Oh, deep in my heart, I do believe,
we shall overcome some day ... *

Joan Baez (Pete Seeger),
We shall overcome

* Noi vivremo in pace, / noi vivremo in pace, / noi vivremo in pace un giorno. / Oh, in fondo al cuore ci credo, noi trionferemo un giorno.

PAPA GIOVANNI XXIII
(1881-1963)

Questo è il testo del discorso con cui Giovanni XXIII si rivolse alla folla la sera dell'11 ottobre 1962, al termine della giornata di apertura del Concilio Vaticano II. Letto oggi, ha un carattere intimo, familiare, quasi personale. Un discorso che nella solennità del momento evita le grandi parole e trova la forma semplice della comunicazione, per certi aspetti vicina alla retorica del discorso di un parroco ai suoi parrocchiani. Un aspetto, questo, che forse può sorprendere per l'occasione, la solennità, lo scenario complessivo, ma che deve far riflettere sulla capacità di trasmettere comunanza non tanto per i concetti che si enunciano o per le promesse che si fanno, ma per le parole che si trovano.

Cari figlioli, sento le vostre voci. La mia è una sola, ma riassume tutte le voci del mondo; e qui, di fatto, il mondo è rappresentato. Si direbbe che persino la luna si è affrettata stasera... Osservatela in alto, a guardare questo spettacolo... Noi chiudiamo una grande giornata di pace... Sì, di pace: Gloria a Dio, e pace agli uomini di buona volontà.

Se domandassi, se potessi chiedere ora a ciascuno: voi da che parte venite? I figli di Roma, che sono qui specialmente rappresentati, risponderebbero: ah, noi siamo i figli più vicini, e voi siete il nostro vescovo. Ebbene, figlioli di Roma, voi sentite veramente di rappresentare la *Roma caput mundi*, la capitale del mondo, così come per disegno della Provvidenza è stata chiamata ad essere attraverso i secoli.

La mia persona conta niente: è un fratello che parla a voi, un fratello divenuto padre per volontà di Nostro Signore… Continuiamo dunque a volerci bene, a volerci bene così; guardandoci così nell'incontro: cogliere quello che ci unisce, lasciar da parte, se c'è, qualche cosa che ci può tenere un po' in difficoltà… Tornando a casa, troverete i bambini. Date loro una carezza e dite: «Questa è la carezza del Papa». Troverete forse qualche lacrima da asciugare. Abbiate per chi soffre una parola di conforto. Sappiano gli afflitti che il Papa è con i suoi figli specie nelle ore della mestizia e dell'amarezza… E poi tutti insieme ci animiamo: cantando, sospirando, piangendo, ma sempre pieni di fiducia nel Cristo che ci aiuta e che ci ascolta, continuiamo a riprendere il nostro cammino. Addio, figlioli. Alla benedizione aggiungo l'augurio della buona notte.

JOHN FITZGERALD KENNEDY
(1917-1963)

Testo del discorso tenuto a Berlino, il 26 giugno 1963, in nome della libertà e contro il Muro. È forse il discorso più noto di Kennedy, ma anche quello che è ricordato proprio per la sua irritualità. Rappresenta l'essenza stessa della figura del presidente americano e del suo mito: quello della sfida anticonvenzionale, della capacità retorica di dire le parole di tutti con l'autorevolezza di una carica pubblica. In questo sta la natura di sogno iscritta nel testo: nel fatto che si possano dire cose «naturali», comunque non straordinarie, e che le si possa dire dall'alto di una carica e di una responsabilità che richiederebbe un linguaggio più mediato, comunque diplomaticamente più conveniente.

Sono fiero di trovarmi in questa città come ospite del vostro illustre sindaco, che ha simboleggiato nel mondo lo spirito combattivo di Berlino Ovest. E sono fiero di visitare la Repubblica Federale con il vostro illustre cancelliere, che da tanti anni impegna la Germania per la democrazia, la libertà e il progresso, e di trovarmi qui in compagnia del mio compatriota generale Clay, che è stato in questa città nei grandi momenti di crisi che essa ha attraversato, e vi ritornerà, se mai ve ne sarà bisogno.

Duemila anni fa il maggiore orgoglio era poter dire:

Civis romanus sum. Oggi, nel mondo della libertà, il grido di orgoglio che si solleva è: *Ich bin ein Berliner.*

Molte persone in questo mondo non vogliono capire – o dicono di non comprendere – qual è la profonda e grande differenza fra il mondo libero e democratico e il mondo comunista. Che vengano a Berlino. Ci sono alcuni che affermano che il comunismo è l'èra del futuro. Che vengano a Berlino. E ci sono alcuni, sia in Europa che altrove, che dicono di poter lavorare con i comunisti. Che vengano a Berlino. E c'è sempre una piccola schiera di persone che, pur ammettendo lo spirito diabolico del comunismo, afferma che è l'unica strada per un progresso economico. *Lass' sie nach Berlin kommen.* Che vengano a Berlino.

La libertà presenta molte difficoltà e la democrazia non è certo perfetta, ma noi non abbiamo mai costruito un muro per chiudervi dentro la nostra gente e impedirgli di lasciarci. Io voglio dirvi, a nome dei miei connazionali che vivono molte miglia lontano da voi, all'altro capo dell'Atlantico, che loro sentono il grande vanto di essere stati in grado di dividere con voi, anche nella distanza, diciotto anni di storia. Io non conosco nessuna provincia, nessuna città che sia stata assediata per diciotto anni e che ancora conservi la vitalità, la forza, la speranza e la determinazione della città di Berlino Ovest.

Mentre il muro è il più evidente e vivido simbolo del fallimento del sistema comunista che il mondo ha sotto gli occhi, noi non proviamo alcuna soddisfazione per questo, per quello che rappresenta: un'offesa, come il vostro sindaco ha detto, non solo nei confronti della storia, ma anche nei confronti dell'umanità. Un'offesa che ha separato famiglie, diviso mariti e mogli e fratelli e sorelle e allontanato persone che speravano di vivere assieme. Quello che è vero per questa città, è vero anche per la Germania: una pace duratura non potrà essere raggiunta in Europa finché la Germania si trova costretta a infrangere il più elementare diritto di ogni uomo libero, e cioè il diritto di scegliere. In diciotto anni di pace e di grande fiducia, questa generazione tedesca ha guadagnato il diritto a essere libera, assieme al diritto di vedere unite le proprie famiglie e la propria nazione in una vita di pace e ricca di prospettive per tutti quanti.

Voi vivete in un'isola fortificata della libertà, ma la vostra vita è parte della vita del mondo intero. Vorrei quindi chiedervi di levare lo sguardo oltre i pericoli di oggi e verso la speranza di domani; di guardare oltre la mera libertà di Berlino e della nazione tedesca verso l'affermazione della libertà di ogni parte del mondo; di levare i vostri occhi oltre il muro verso il giorno della pace e della giustizia, di guardare oltre voi stessi e noi stessi verso tutta l'umanità.

La libertà è indivisibile, e quando un uomo è assoggettato, allora nessuno è libero.

Quando tutti saranno liberi, allora potremo guardare al giorno in cui questa città sarà riunita – e così questo paese e questo grande continente europeo – in un mondo pacificato e ricco di speranza. Ogni uomo libero, ovunque viva, è un cittadino di Berlino, perciò, come uomo libero, ho l'orgoglio di poter dire al mondo: *Ich bin ein Berliner*.

ANDREI D. SAKHAROV
(1921-1989)

Nel 1968 Sakharov scrive questo saggio – Progresso, coesistenza e libertà intellettuale *– convinto che la libertà di pensiero sia la sola garanzia della possibilità di applicare un metodo scientifico e democratico alla politica, all'economia e alla cultura. La libertà di pensiero, tuttavia, non basta affermarla, occorre anche operare perché ciò che la minaccia – conformismo culturale , dogmatismo, controllo burocratico, ovvero la forza del partito politico nella realtà sovietica – sia rimosso. Il testo si divide in due parti: la prima è dedicata ai pericoli (guerra nucleare, fame, inquinamento e ambiente, dittature, conformismo culturale), la seconda – che qui si riproduce – è dedicata ai possibili ambiti dello sviluppo.*

IL CONFRONTO DEI SISTEMI

Le prospettive del socialismo dipendono oggi dalla nostra capacità di rendere attraente il socialismo. Si tratta di sapere se il fattore decisivo nel paragone tra capitalismo e socialismo sarà il confronto tra l'attrazione morale delle idee del socialismo e della glorificazione del lavoro da un lato, e gli ideali egoistici della proprietà privata e la glorificazione del capitale dall'altro; oppure se la gente, quando penserà al socialismo, avrà soprattutto in mente le limitazioni della libertà intellettuale o addirittura il regime fascistico del culto.

Sto mettendo l'accento sugli aspetti morali, e non a caso. Quando si è realizzato un alto livello di produttività del lavoro sociale, si sono sviluppate al massimo le forze produttive, e si è assicurato un alto tenore di vita alla maggioranza della popolazione, allora sembra davvero che capitalismo e socialismo siano arrivati al punto di dover «giocare una partita di spareggio». Passeremo adesso a esaminare in dettaglio questa questione.

Immaginiamo due sciatori che gareggiano sulla neve alta. All'inizio della gara, uno dei due, in giacca a strisce, aveva un vantaggio di alcuni chilometri ma ora lo sciatore con la giacca rossa lo sta raggiungendo. Che cosa si può dire delle loro forze messe a confronto? Non molto, a dire la verità, perché ognuno dei due sciatori si sta battendo in condizioni diverse. Quello a strisce apre la pista, mentre quello rosso non ha bisogno di farlo. (Il lettore capirà che questa gara di sci rappresenta simbolicamente il peso dei costi di ricerca e sviluppo che il paese-guida nel campo della tecnologia deve sopportare.) Tutto quello che si può dire della gara è che non c'è una gran differenza di valore tra i due sciatori.

La parabola naturalmente non dà un'idea della complessità del paragone tra il progresso economico e tecnologico negli Stati Uniti e nell'URSS, né della rispettiva vitalità dello Slancio Rivoluzionario Russo e dell'Efficienza Americana.

Non possiamo dimenticare che per molta parte del periodo in questione l'Unione Sovietica fu duramente impegnata in guerra, e dovette curare poi le sue ferite. Né possiamo dimenticare che alcune distorsioni del nostro sviluppo non erano un momento intrinsecamente necessario del processo di edificazione socialista ma un tragico incidente, una malattia grave per quanto non inevitabile.

D'altra parte, qualsiasi paragone deve tener conto del fatto che noi stiamo raggiungendo gli Stati Uniti soltanto in alcune vecchie industrie tradizionali che non sono più così importanti come lo furono a suo tempo per gli Stati Uniti (ad esempio il carbone e l'acciaio). In alcuni dei campi più nuovi, come ad esempio l'automazione, i calcolatori, la petrolchimica, e soprattutto nel settore della ricerca e dello sviluppo, non siamo soltanto più indietro ma stiamo anche progredendo più lentamente, tanto che una vittoria totale della nostra economia nei prossimi decenni è abbastanza improbabile.

Bisogna anche tener conto del fatto che il nostro paese è dotato di vaste risorse naturali, dalla fertile terra nera al carbone e alle foreste, dal petrolio al manganese e ai diamanti. Dobbiamo metterci in testa che durante il periodo qui considerato il nostro popolo ha lavorato fino ai limiti delle sue capacità, il che portò a un certo esaurimento delle energie.

Dobbiamo anche aver chiaro in mente che l'Unione Sovietica ha adottato principi di organizzazione industriale e di sviluppo tecnologico provati in precedenza negli Stati Uniti. Come esempi possiamo citare le tecniche della catena di montaggio, gli antibiotici, l'energia nucleare, i convertitori di ossigeno nella fabbricazione dell'acciaio, l'ibridazione del grano, le mietitrici automatiche, le scavatrici rotanti, i semiconduttori in elettronica ecc.

C'è una sola conclusione ragionevole e si può prudentemente formularla in questo modo:

1. Noi abbiamo dimostrato la vitalità del socialismo, che ha fatto molto per la gente dal punto di vista materiale, culturale e sociale e, come nessun altro sistema, ha esaltato il significato morale del lavoro.

2. Non ci sono motivi di affermare, come spesso si fa in omaggio al dogmatismo, che il metodo capitalistico di produzione porta l'economia in un vicolo cieco o che è ovviamente inferiore al metodo socialista nella produttività del lavoro, e non ci sono certamente motivi per affermare che il capitalismo inevitabilmente conduce all'impoverimento assoluto della classe operaia.

Il progresso per mezzo del capitalismo. Il continuo progresso economico che si è ottenuto in regime capitalistico dovrebbe essere un fatto di grande significato teorico per qualunque marxista non dogmatico. È precisamente questo fatto che sta alla base della coesistenza pacifica e suggerisce in teoria che se mai il capitalismo finisse col portare l'economia in un vicolo cieco, non necessariamente si getterebbe in una disperata avventura militare. Ma sia il capitalismo che il socialismo sono in grado di raggiungere un progresso a lungo termine prendendo a prestito reciprocamente gli elementi positivi e avvicinandosi realmente l'un l'altro in taluni aspetti fondamentali.

Sento già le accuse di revisionismo e quelle di attenuare con queste affermazioni il punto di vista di classe. Immagino già i sorrisi ironici di compatimento, per l'ingenuità e l'immaturità politica che ho dimostrato. Ma i fatti dicono che c'è un autentico progresso economico negli Stati Uniti e negli altri paesi capitalistici, che i capitalisti usano realmente i principi sociali del socialismo e che c'è un reale miglioramento della condizione della classe operaia. Più importante ancora, i fatti dimostrano che in qualunque altra eventualità che non sia lo sviluppo della linea di coesistenza pacifica e di collaborazione tra i due sistemi e le due superpotenze, attraverso l'attenuazione dei contrasti e la reciproca assistenza, in qualunque altro caso, ripeto, non c'è che la distruzione del genere umano. Non c'è altra via di uscita.

Rivoluzione in Occidente? Metteremo adesso a confronto la distribuzione del reddito personale e del consumo tra i vari gruppi sociali negli Stati Uniti e nell'Unione Sovietica. La nostra propaganda è solita affermare che c'è una palese disuguaglianza negli Stati Uniti mentre l'Unione Sovietica è un paese assolutamente giusto, che fa una politica totalmente indirizzata nell'interesse della classe operaia. Per la verità tutte e due le affermazioni contengono una parte di verità e molti elementi di ipocrisia.

Non ho intenzione di minimizzare i tragici aspetti della povertà, della mancanza di diritti e dell'umiliazione di 22 milioni di negri americani. Ma noi dobbiamo capire che questo problema non è fondamentalmente un problema di classe, ma un problema razziale, che implica il razzismo e l'egoismo dei lavoratori bianchi e non dobbiamo ignorare che il gruppo dirigente degli Stati Uniti ha interesse a risolvere tale problema. È certo che il governo non è stato attivo come avrebbe dovuto; questo va messo in relazione con le preoccupazioni di carattere elettorale e la paura di porre il paese in una situazione di equilibrio instabile e quindi di stimolare l'estrema sinistra e l'estrema destra. Ma credo che noi membri del campo socialista dovremmo aver interesse a lasciare che il governo degli Stati Uniti affronti il problema negro senza aggravare la situazione del paese.

All'altro estremo la presenza dei milionari negli Stati Uniti non è un serio peso economico, data l'esiguità del loro numero. Il consumo complessivo dei ricchi rappresenta meno del 20 percento del consumo totale, cioè meno dell'aumento del consumo nazionale in un periodo di cinque anni. Da questo punto di vista, una rivoluzione, che probabilmente arresterebbe il progresso economico per più di cinque anni, non sembra sarebbe un atto economicamente vantaggioso per la classe operaia. E non voglio neanche parlare del costo di vite umane inevitabile in una rivoluzione. Né sto parlando del pericolo dell'«ironia della storia» di cui parla così acutamente Federico Engels nella famosa lettera a Vera Zasulich, una «ironia» che nel nostro paese prese la forma dello stalinismo.

Ci sono naturalmente situazioni dove la rivoluzione è l'unica possibilità. Questo si applica soprattutto alle nazioni sottosviluppate.

Ma non è il caso degli Stati Uniti e degli altri paesi capitalistici sviluppati, come è del resto implicitamente ammesso nei programmi dei partiti comunisti di questi paesi.

Per quanto riguarda il nostro paese, anche qui bisogna evitare di dipingere un quadro idilliaco. Sussiste tuttora una grande disuguaglianza di benessere tra città e campagna, specialmente nelle aree rurali che mancano di collegamenti col mercato privato, o non producono nessun bene richiesto da questo. Ci sono grandi differenze tra le città in cui sorgono le industrie nuove e privilegiate, e quelle in cui hanno sede solo industrie vecchie e antiquate. In realtà il 40 percento della popolazione sovietica è in condizioni economiche difficili. Negli Stati Uniti circa il 25 percento della popolazione è sull'orlo della miseria. D'altro canto il 5 percento della popolazione sovietica che appartiene al gruppo dei dirigenti è privilegiato quanto il suo equivalente negli Stati Uniti.

I manager negli USA e nell'URSS. Lo sviluppo della società moderna sia in Unione Sovietica che negli Stati Uniti sta portando a una complessità sempre maggiore della struttura e dell'organizzazione industriale, e promuove l'ascesa in entrambi questi paesi di gruppi di manager che hanno caratteristiche sociali abbastanza simili.

Dobbiamo perciò riconoscere che non c'è una differenza qualitativa nella struttura della società dei due paesi riguardo alla distribuzione del consumo tra le varie classi. Sfortunatamente il peso effettivo dei gruppi dei manager in Unione Sovietica (e, in minor misura, negli Stati Uniti) non si misura soltanto in termini puramente economici o produttivi. Questo gruppo ha anche una funzione di difesa più o meno dissimulata dei privilegi consolidati nella sfera del consumo.

Pochi sanno che sotto Stalin vigeva l'uso di pagare i salari in buste sigillate, di ricorrere costantemente alla distribuzione non ufficiale dei pochi alimenti e beni di consumo ai vari uffici governativi, di concedere privilegi nella scelta dei luoghi di vacanza eccetera.

Desidero insistere sul fatto che non sono contrario al principio socialista del pagamento commisurato alla quantità e qualità del lavoro. Il fatto di pagare salari relativamente più alti agli amministratori migliori, ai lavoratori di concetto, agli insegnanti e ai medici, a coloro che svolgono mansioni pericolose o dannose alla salute, ai lavoratori della scienza, della cultura e dell'arte, non minaccia la società se non gli si aggiungono privilegi nascosti; inoltre salari più alti purché meritati sono un vantaggio per la società.

Il fatto è che ogni minuto sprecato da un dirigente amministrativo rappresenta una perdita materiale assai seria per l'economia, e ogni minuto perso da una personalità di prim'ordine nel campo artistico significa una perdita per il patrimonio emozionale, filosofico e artistico della società.

Ma quando si fa qualcosa in segreto, nasce inevitabilmente il sospetto che le cose non siano pulite, che ciò che si vuole sia in realtà comprare fedeli servitori del sistema esistente.

Mi sembra che il modo razionale di risolvere questo scottante problema non dovrebbe consistere nello stabilire un limite massimo delle entrate dei membri del partito o in altre decisioni di questo genere, ma semplicemente nel proibire qualsiasi forma di privilegio e nel fissare tariffe retributive unificate basate sul valore sociale del lavoro e su di un'impostazione del problema del salario in termini di mercato economico.

Io ritengo che ulteriori progressi nella nostra riforma economica e una maggiore importanza attribuita ai fattori economici e di mercato, insieme con un controllo pubblico più efficace sul gruppo dei manager (che, incidentalmente, è necessario anche nei paesi capitalistici) potrà servire ad eliminare l'irregolarità del nostro attuale modello di distribuzione.

Un aspetto della riforma economica ancora più importante per l'organizzazione e l'incremento della produzione è il consolidamento di un sistema preciso dei prezzi di mercato, una più adeguata distribuzione e una rapida utilizzazione dei fondi di investimento e un uso corretto delle risorse naturali ed umane basato su criteri economici giusti nell'interesse della nostra società.

Un certo numero di paesi socialisti, tra cui l'Unione Sovietica, la Jugoslavia e la Cecoslovacchia, stanno ora sperimentando per la prima volta i problemi economici di fondo del ruolo della pianificazione e del mercato, della proprietà statale e cooperativa e così via.

Questi esperimenti hanno senza dubbio grande importanza.

Verso un'intesa tra i sistemi. Riassumendo, veniamo ora alla nostra conclusione fondamentale sul carattere morale ed etico della superiorità dell'idea socialista dello sviluppo della società umana. Dal nostro punto di vista, ciò non minimizza in alcun modo il significato del socialismo. Senza il socialismo il pragmatismo borghese e l'egoistico principio della proprietà privata hanno dato origine agli «uomini degli abissi» descritti da Jack London e prima ancora da Engels.

Solo la competizione con il socialismo e la pressione della classe operaia resero possibile il progresso sociale del XX secolo e, inoltre, assicureranno il processo attualmente inevitabile del riavvicinamento dei due sistemi. È stato merito del socialismo portare il significato del lavoro al livello di una fede morale.

Prima dell'avvento del socialismo, l'egoismo nazionale aveva dato l'avvio all'oppressione coloniale, al nazionalismo, al razzismo. È ormai chiaro che la vittoria sta dalla parte della concezione umanistica e internazionale caratteristica del socialismo.

Il mondo capitalistico potrebbe anche non generare più spontaneamente un mondo nuovo socialista, ma il socialismo non ha attualmente interesse a distruggere con la forza il terreno dal quale è nato. Nelle condizioni attuali ciò equivarrebbe a un suicidio collettivo del genere umano. Il socialismo dovrebbe piuttosto nobilitare l'ambiente in cui ha avuto origine con il suo esempio e con altre forme indirette di pressione, e poi fondersi con esso.

Il riavvicinamento con il mondo capitalistico non dovrebbe essere un fatto antipopolare, senza principi, stabilito tra gruppi dirigenti come accadde nel caso limite del patto sovietico-nazista del '39-40. Questo riavvicinamento deve basarsi su un fondamento non soltanto socialista, ma democratico e popolare, posto sotto il controllo dell'opinione pubblica come si esprime attraverso il dibattito pubblico, le elezioni e così via. Un tale incontro implica non solo ampie riforme sociali nei paesi capitalistici, ma anche mutamenti sostanziali nella struttura della proprietà in modo che il governo abbia una funzione maggiore e così anche la proprietà cooperativa e la conservazione di ciò che è essenziale nell'attuale fisionomia della proprietà dei mezzi di produzione nei paesi socialisti.

I nostri alleati su questa via non sono solo la classe operaia e l'*intelligencija* progressista, che sono interessate alla coesistenza e al progresso sociale e a un passaggio al socialismo pacifico e democratico (come è riflesso nei programmi dei partiti comunisti dei paesi sviluppati) ma anche l'ala riformista della borghesia che sostiene un tale programma di «convergenza». (Sebbene io usi questo termine, tratto dalla letteratura occidentale, è chiaro da quanto ho detto sopra che lo interpreto nel suo significato socialista e democratico.)

Tipici rappresentanti della borghesia riformista sono Cyrus Eaton, il presidente Franklin Delano Roosevelt e, specialmente, il presidente John F. Kennedy. Senza voler buttar la croce addosso a Kruscev (la mia alta stima dei suoi servizi l'ho già espressa prima) non posso fare a meno di ricordare una sua affermazione, che potrebbe esser tipica più del suo ambiente che di lui personalmente.

Il 10 luglio 1961 parlando a un ricevimento di specialisti del suo incontro con Kennedy a Vienna, il compagno Kruscev ricordò la preghiera di Kennedy che l'Unione Sovietica, nel condurre la sua politica e nel fare le proprie richieste, tenesse conto delle reali possibilità e difficoltà della nuova amministrazione Kennedy e si trattenesse dall'esigere più di quanto essa potesse garantire senza andare incontro al pericolo di essere sconfitta alle elezioni e sostituita con forze di estrema destra. A quel tempo Kruscev non prestò la giusta attenzione alla richiesta senza precedenti di Kennedy, e tese anzi a farsene beffa. Ora, dopo gli spari di Dallas, nessuno può dire quali occasioni fortunate per la storia del mondo siano state se non distrutte in ogni caso messe da parte per difetto di comprensione.

Bertrand Russell disse una volta a una conferenza per la pace a Mosca che «il mondo potrà salvarsi dalla distruzione termonucleare se i capi dei due sistemi preferiranno la completa vittoria del sistema antagonista ad una guerra termonucleare» (cito a memoria). Mi sembra che questa soluzione dovrebbe essere accettabile per la maggioranza della gente in ogni paese, sia capitalista che socialista. Ritengo che i capi dei due sistemi, capitalistico e socialista, saranno gradualmente costretti dalla reale forza delle cose ad adottare il punto di vista della maggioranza del genere umano.

La libertà intellettuale della società faciliterà e appianerà la strada in questa direzione di tolleranza, di duttilità e di rifiuto del dogmatismo, della paura e dell'avventurismo. Tutto il genere umano, comprese le sue forze più organizzate ed attive, la classe operaia e l'*intelligencija*, ha interesse alla libertà e alla sicurezza.

L'ALTERNATIVA POSITIVA: UN PIANO IN QUATTRO FASI

Avendo esaminato nella prima parte di questo saggio lo sviluppo del genere umano secondo la peggiore alternativa, che conduce all'annientamento, dobbiamo ora affrontare almeno schematicamente il compito di suggerire un'alternativa positiva. (L'autore ammette la rozzezza dei suoi tentativi di previsione che richiedono gli sforzi congiunti di vari specialisti e in questo caso, anche più che altrove, invita a una critica positiva.)

I. In una prima fase, un inasprimento della lotta ideologica nei paesi socialisti tra le forze staliniste e maoiste dà una parte, e le forze realistiche dei comunisti leninisti più avanzati (e degli occidentalisti di sinistra) dall'altra, porterà a una profonda spaccatura ideologica a livello nazionale, internazionale e di partito.

Nell'Unione Sovietica e negli altri paesi socialisti questo processo condurrà a un sistema pluripartitico (qua e là) e ad acutizzare la lotta e le discussioni ideologiche. Finalmente si giungerà alla vittoria ideologica dei realisti che affermerà lo sviluppo della politica di coesistenza pacifica, rafforzerà la democrazia e diffonderà le riforme economiche (1960-80). Questa data riflette le possibilità più ottimistiche di sviluppo degli eventi.

L'autore, sia detto per inciso, non è uno di coloro che considerano il sistema pluripartitico come uno stadio essenziale nello sviluppo del sistema socialista o, tanto meno, una panacea per tutti i mali. Egli crede piuttosto che in alcuni casi un sistema pluripartitico possa essere una conseguenza inevitabile del corso degli eventi quando un partito comunista al governo rifiuta, per una ragione o per l'altra, il ruolo del metodo scientifico democratico richiesto dalla storia.

II. Nel secondo stadio, l'esigenza sempre più viva del progresso sociale e della coesistenza pacifica, negli Stati Uniti e negli altri paesi capitalistici, e la pressione esercitata dall'esempio dei paesi socialisti e dalle forze progressiste interne agli stessi paesi capitalistici (la classe operaia e l'*intelligencija*) condurranno alla vittoria dell'ala riformista più avanzata della borghesia, che incomincerà a sostenere un programma di riavvicinamento (convergenza) al socialismo: progresso sociale, coesistenza pacifica, collaborazione con il socialismo su scala mondiale e mutamenti nella struttura della proprietà. Questa fase implica un'ampia funzione dell'*intelligencija* e un attacco alle forze del razzismo e del militarismo (1972-85). (I vari stadi si sovrappongono.)

III. Nella terza fase l'Unione Sovietica e gli Stati Uniti, superata la loro estraneità, risolveranno il problema di salvare la metà più povera del mondo. La tassa di cui si è parlato più sopra, del 20 percento sul reddito nazionale dei paesi sviluppati, verrà finalmente applicata. Saranno costruite gigantesche fabbriche di fertilizzanti e sistemi di irrigazione che sfrutteranno l'energia atomica; si utilizzeranno le risorse del mare in proporzioni molto maggiori, si addestrerà il personale indigeno e si darà l'avvio al processo di industrializzazione. Fabbriche gigantesche produrranno amminoacidi sintetici e fabbricheranno proteine, grassi e carboidrati sintetici. Nello stesso tempo si procederà al disarmo (1972-90).

IV. Nella quarta fase la convergenza socialista ridurrà le differenze nella struttura sociale, promuoverà la libertà intellettuale, la scienza e il progresso economico e condurrà alla creazione di un governo mondiale e all'appianamento delle contraddizioni nazionali (1980-2000). Durante questo periodo si possono sperare progressi decisivi nel campo dell'energia nucleare, sia sulla base dell'uranio e del torio sia probabilmente del deuterio e del litio.

Durante questo periodo l'esplorazione dello spazio richiederà che migliaia di persone lavorino e vivano continuamente su altri pianeti, sulla luna, su satelliti artificiali e su asteroidi le cui orbite verranno modificate da esplosioni nucleari.

La sintesi di materiali che sono superconduttori a temperatura ambiente potrebbe rivoluzionare totalmente la tecnologia elettrica, la cibernetica, i trasporti e le comunicazioni. Il progresso della biologia (in questo e nei periodi successivi) renderà possibile un effettivo controllo e una reale direzione di tutti i processi vitali a livello delle cellule, degli organismi, delle ecologie e della società, a partire dalla fertilità fino ad agire sui processi psichici e sul meccanismo della ereditarietà.

Una rivoluzione scientifica e tecnologica di questo genere, che promette vantaggi incalcolabili all'umanità, richiederà per essere possibile la massima capacità di previsione e di cura scientifica e interesserà tutti i valori umani di carattere etico, personale e morale.

Tale rivoluzione potrà realizzarsi solo sotto una guida mondiale di altissimo livello intellettuale.

Il precedente programma suppone:

a) l'interesse generale a superare le attuali divisioni;

b) la speranza che mutamenti sia nei paesi socialisti sia in quelli capitalisti tenderanno a ridurre contraddizioni e differenze;

c) l'interesse dell'*intelligencija* di tutto il mondo, della classe operaia e delle altre forze progressiste a un metodo scientifico e democratico di affrontare la politica, l'economia e la cultura;

d) la mancanza di ostacoli insormontabili allo sviluppo economico in tutti e due i sistemi mondiali, che potrebbe altrimenti condurre a un vicolo cieco, alla disperazione e all'avventurismo.

Qualunque persona rispettabile e pensante che non sia stata intossicata dall'indifferenza ottusa cercherà di ottenere che lo sviluppo futuro avvenga secondo le linee dell'alternativa ottimistica. Ma solo una discussione aperta e ampia, senza la pressione della paura e dei pregiudizi, farà sì che la maggioranza adotti il modo di agire più giusto.

CONCLUSIONE

In conclusione, riassumerò alcune proposte concrete, di diversa importanza, che sono state discusse in questo saggio. Queste proposte, rivolte al gruppo dirigente del paese, non esauriscono il contenuto di questo articolo.

I. La strategia della coesistenza pacifica e della collaborazione deve essere approfondita in tutti i modi. I metodi e i principi scientifici di politica internazionale dovranno essere elaborati sulla base della previsione scientifica delle conseguenze immediate e lontane.

II. Si deve prendere l'iniziativa di elaborare un vasto programma di lotta contro la fame.

III. Si deve elaborare un progetto di legge sulla stampa e l'informazione, discuterlo ampiamente e adottarlo con lo scopo non solo di por termine a un regime di censura irresponsabile e irrazionale, ma di incoraggiare la conoscenza della nostra società, la discussione coraggiosa e la ricerca della verità. Questa legge dovrà provvedere a fornire le risorse materiali su cui fondare la libertà di pensiero.

IV. Tutte le leggi incostituzionali e i decreti che violano i diritti dell'uomo devono essere abrogati.

V. I prigionieri politici devono essere amnistiati e alcuni recenti processi politici vanno rivisti. Si devono abolire i campi di deportazione per i prigionieri politici.

VI. La denuncia di Stalin deve essere portata fino in fondo, fino alla completa verità e non solo fino a una mezza verità attentamente pesata in base a considerazioni di casta. L'influenza dei neostalinisti nella nostra vita politica deve essere ridotta al minimo.

VII. La riforma economica deve essere approfondita in ogni campo e l'area della sperimentazione va allargata con conclusioni basate sui risultati.

VIII. È necessario approvare una legge sulla geoigiene dopo un'aperta discussione, e infine farla diventare parte degli sforzi mondiali in questo campo.

Con questo saggio l'autore si rivolge al gruppo dirigente del nostro paese e a tutti i cittadini, e anche a tutte le persone di buona volontà in tutto il mondo. L'autore è cosciente del carattere opinabile di molte sue affermazioni. Il suo scopo è un'esplicita, franca discussione che possa esser condotta pubblicamente.

In conclusione, un commento al testo. Nel processo di discussione dei precedenti progetti di questo saggio sono stati fatti circolare testi incompleti e in un certo senso unilaterali. Alcuni di essi contenevano passaggi goffi e imprecisi che furono inclusi per errore. L'autore chiede ai lettori di tenerlo presente. L'autore è profondamente grato ai lettori degli abbozzi preliminari che comunicarono i loro amichevoli commenti e quindi contribuirono al miglioramento del saggio e a definire un certo numero di affermazioni fondamentali.

Anwar al-Sadat
(1918-1981)

Il 20 novembre 1977, il presidente egiziano Sadat si presenta allo Knesseth – il parlamento israeliano – e pronuncia un discorso che rende irreversibile la ricerca dell'accordo di pace. Con quella visita Sadat rompe l'interdetto di tutti i governi e gli stati arabi nei confronti di Israele. In questo testo Sadat non rinuncia a rivendicare la storia di sé, dell'Egitto, della sua indipendenza e della sua dignità. Ma dichiara anche che un altro percorso – diverso da quello intrapreso a partire dal 1948 – è possibile. Non da solo, come precisa al termine del suo intervento, ma insieme.

In nome di Dio, signor portavoce dello Knesseth, signore e signori, permettetemi innanzitutto di ringraziare il portavoce dello Knesseth per avermi dato l'opportunità di rivolgermi a voi…

Sono qui, oggi, con la seria intenzione di plasmare una creatura e di stabilire la pace. Noi tutti amiamo questa terra, la terra di Dio, noi tutti, musulmani, cristiani ed ebrei, tutti noi gloriamo il Signore…

Non biasimo la reazione di coloro che hanno ricevuto la mia decisione, quando l'ho annunciata al mondo intero davanti all'Assemblea popolare egiziana. Non accuso tutti coloro che hanno reagito alla mia decisione con sorpresa, per alcuni addirittura violenta, e con stupore. Altri ancora l'hanno interpretata come un gesto politico, per camuffare la mia intenzione di promuovere una nuova guerra.

Vi dirò addirittura che uno dei miei consiglieri presidenziali mi ha contattato a notte fonda, dopo avere lasciato l'Assemblea popolare, e mi ha chiesto con voce preoccupata: «Signor presidente, come reagiremo se Israele dovesse invitarla a presentarsi?».

Ho risposto con tranquillità: «Accetterei immediatamente. Ho annunciato che sarei andato fino al centro della Terra, così andrò anche in Israele per chiarire la faccenda, dal momento che voglio presentare i fatti davanti agli occhi del popolo israeliano...». Nessuno avrebbe mai immaginato che il presidente del più grande stato arabo, che porta sulle spalle il fardello e la responsabilità della guerra e della pace in Medio Oriente, dovesse dichiarare di essere pronto a recarsi nella terra del nemico quando i nostri paesi sono ancora belligeranti.

Tutti noi siamo ancora marchiati dalle conseguenze delle quattro guerre devastanti che abbiamo vissuto negli ultimi trenta anni. Le famiglie della guerra scoppiata nell'ottobre del 1973 piangono ancora i loro morti, la perdita terribile di padri, figli, mariti e fratelli.

Come ho già dichiarato, non mi sono consultato con nessuno per prendere questa decisione, visto che riguarda tutti i miei colleghi e fratelli, i leader arabi e i paesi ostili.

La maggior parte di coloro che mi hanno contattato in seguito alla mia decisione, hanno manifestato la loro obiezione a causa del sospetto latente e dell'assoluta mancanza di fiducia tra i paesi arabi e il popolo palestinese da un lato, e dell'ingerenza israeliana dall'altro.

Lunghi mesi che potevano portare alla pace sono stati invece sprecati in discussioni inutili e scambi di opinioni riguardanti le procedure di adesione alla conferenza di Ginevra. Tutti abbiamo condiviso gli stessi sospetti e l'assoluta mancanza di fiducia reciproca.

Ma per essere assolutamente franco con voi tutti, ho preso questa decisione dopo una lunga riflessione, consapevole che essa rappresenta un forte rischio, dal momento che Dio Onnipotente ha fatto sì che il mio destino fosse quello di assumere la responsabilità del popolo egiziano, condividere le preoccupazioni del mondo arabo, la cui principale è fare qualsiasi cosa in mio potere per mettere al riparo gli egiziani e la nazione araba dagli orrori di nuove guerre distruttive, le cui dimensioni solo Dio Onnipotente può prevedere.

Così, dopo una lunga riflessione, mi sono convinto che i miei obblighi nei confronti di Dio e del popolo mi portassero nei quattro angoli del pianeta, persino a Gerusalemme, per rivolgermi allo Knesseth ed esporre tutti i fatti che mi urge presentare, così che possiate decidere voi stessi...

Signore e signori, ci sono momenti nella vita delle nazioni e dei popoli in cui diventa fondamentale che coloro che posseggono saggezza e chiarezza di visione sorveglino i problemi, in tutta la loro complessità, per proseguire con coraggio verso nuovi orizzonti.

Quelli che, come noi, sopportano il peso di responsabilità che ci sono state accordate con fiducia sono i primi che dovrebbero dimostrare il coraggio di prendere determinate decisioni, in accordo con la risonanza delle circostanze. Dobbiamo innalzarci tutti al di sopra di ogni teoria obsoleta di superiorità, e la cosa più importante da tenere a mente è che mai dobbiamo dimenticarci che l'infallibilità è prerogativa esclusiva di Dio.

Quando ho detto che è mia intezione allontanare il popolo arabo dagli orrori di guerre devastanti, devo dichiarare in tutta sincerità davanti a voi che nutro gli stessi sentimenti e mi sento gravato della medesima responsabilità nei confronti di tutti gli uomini del pianeta, e di sicuro nei confronti del popolo israeliano.

Qualsiasi vita perduta in una guerra è una vita umana, sia essa araba o israeliana. Una moglie che diventa vedova è un essere umano privato di una vita felice con la propria famiglia, araba o israeliana che sia.

I bambini innocenti, sottratti alle cure e alla compassione dei genitori, sono orfani di tutti noi. Tutti, sia che vivano in terra araba o israeliana.

Sono loro a chiederci di essere responsabili, così da garantire loro una vita tranquilla adesso e in futuro.

Nel loro nome, nel nome delle vite dei nostri figli e dei nostri fratelli, per concedere alle nostre comunità di lavorare per il progresso e la felicità del genere umano, per sentirsi al sicuro con il diritto di vivere una vita dignitosa, per le generazioni che verranno, per il sorriso sul viso di ogni bambino nato nelle nostre terre, per tutti questi motivi ho deciso di presentarmi qui nonostante i pericoli, per consegnarvi un messaggio.

Mi sono addossato i requisiti fondamentali della responsabilità storica e pertanto ho dichiarato, il 4 febbraio del 1971, il desiderio di siglare un trattato di pace con Israele. Era la prima dichiarazione da parte di un rappresentante ufficiale arabo fin dallo scoppio del primo conflitto arabo-israeliano. Motivato da tutti questi fattori, dettati dalle mie responsabilità di leader, il 16 ottobre 1973, all'Assemblea popolare egiziana, ho richiesto una conferenza internazionale per stabilire una pace stabile fondata sulla giustizia. Nessuno mi ascoltò.

Mi trovavo nella posizione di un uomo che implora per la pace o per un cessate il fuoco. Spinto dai doveri della storia e del mio ruolo di guida, firmai il primo trattato di tregua, seguito dal secondo dell'incontro sul Sinai.

E così siamo andati avanti, provando ogni porta, chiusa o aperta che fosse, per trovare una strada che conducesse a una pace giusta e duratura.

Abbiamo parlato col cuore ai popoli dell'intero pianeta, per far capire loro le nostre motivazioni e i nostri obiettivi e per convincerli che eravamo forieri di giustizia e di pace. Motivato da questi fattori, ho anche deciso di venire qui con una mente e un cuore aperti, con la consapevole determinazione che riusciremo a stabilire un accordo di pace stabile e fondato sulla giustizia...

Signore e signori, siamo onesti gli uni con gli altri, siamo onesti così da rispondere a questa importante domanda.

Come faremo a ottenere una pace stabile fondata sulla giustizia? Bene, sono venuto qui da voi per consegnarvi la mia risposta a questo grande quesito, in modo limpido e sincero, così che il popolo di Israele e il mondo intero possano ascoltarla…

Prima di proseguire, desidero assicurarvi che la mia risposta si basa su alcuni punti che nessuno può mettere in discussione.

Il primo è che nessuno può costruire la propria felicità a spese della miseria di altri.

Il secondo punto: non ho mai parlato, né mai parlerò, con secondi fini; non ho mai adottato, né mai adotterò, una politica ambigua. È mia abitudine trattare in una sola lingua, con una sola politica e una sola faccia.

Terzo: il confronto diretto è il metodo più efficace e sicuro per ottenere un risultato concreto.

Quarto: la richiesta di una pace stabile e giusta basata sul rispetto delle risoluzioni stabilite dalle Nazioni Unite è ora diventata comune a tutti i paesi del mondo. È diventata l'espressione del desiderio della comunità internazionale, sia nelle capitali ufficiali dove si prendono le decisioni importanti e si stabilisce la linea politica, sia nell'opinione pubblica mondiale, che influenza tali decisioni e linee politiche.

Quinto: probabilmente il punto più chiaro e decisivo, riguarda il mondo arabo. La sua condotta per una pace permanente e giusta non procede da una posizione subalterna. Al contrario, ha il potere e la stabilità necessari a perseguire sinceramente la pace. Gli arabi hanno dichiarato i propri intenti con una sicurezza stimolata dalla tradizione civile, cioè che per evitare un disastro che ricadrebbe su tutti noi, voi e il mondo intero, non ci sia nessuna alternativa se non quella di stabilire una pace permanente basata sulla giustizia, una pace non contaminata dal sospetto e boicottata da cattive intenzioni.

Alla luce di questi fatti, che ho voluto presentarvi per come li vedo io, vorrei mettervi in guardia, in tutta sincerità, da alcuni pensieri che potrebbero insinuarsi nella vostra mente. La franchezza me lo impone.

Primo: non sono venuto qui per rimediare un trattato tra Egitto e Israele. Non è parte della politica egiziana, perché il problema non è quello dell'Egitto e di Israele. Una pace ad interim tra Egitto e Israele, o tra qualsiasi paese arabo avverso a Israele, non condurrà nell'intera regione a una pace permanente basata sulla giustizia. Piuttosto, anche quando si raggiungesse un accordo di pace tra gli stati ostili e Israele, la mancanza di una soluzione alla questione palestinese renderà impossibile qualsiasi prospettiva di quella pace stabile a cui l'intero pianeta aspira.

Secondo: non sono venuto qui per cercare una soluzione parziale, nello specifico per porre fine allo stato di belligeranza tuttora in corso e rinviarlo a una fase successiva. Non è infatti la soluzione radicale che ci guiderebbe verso una pace permanente. Allo stesso modo, non sono certo qui per stabilire un terzo trattato di tregua...

Ciò significherebbe soltanto ritardare l'accensione della miccia, e sarebbe la dimostrazione della nostra mancanza di coraggio nell'affrontare un progetto di pace, della nostra debolezza a sopportare il fardello e le responsabilità di una pace stabile fondata sulla giustizia.

Sono qui davanti a voi perché insieme possiamo costruire le basi per questa pace giusta, per evitare lo spargimento di una sola goccia di sangue da entrambe le parti. È per questo che ho espresso l'intenzione di recarmi in ogni angolo del globo per raggiungere questo scopo.

Così eccomi di nuovo alla domanda impellente.

Come faremo a ottenere una pace stabile fondata sulla giustizia? La mia opinione, e lo dichiaro al mondo intero da questo podio, è che la risposta non è difficile né impossibile, nonostante i lunghi anni di lotta, sangue, discordia, conflitto e avversità le cui radici sono molto profonde...

Volete vivere con noi, in questa parte del mondo.

In tutta sincerità, vi do il benvenuto tra noi, in assoluta sicurezza. Di per sé, solo questo è un tremendo punto di svolta, il segno tangibile di un cambiamento storico decisivo. Una volta vi respingevamo. Avevamo le nostre ragioni e i nostri timori, sì.

Ci siamo rifiutati di incontrarci con voi, sì.

Eravamo insieme a conferenze e incontri di organizzazioni internazionali e i nostri rappresentanti non hanno, come ancora oggi succede, mai scambiato un saluto con voi. Sì. È successo e capita ancora.

È anche vero che abbiamo chiesto come condizione necessaria allo svolgimento di ogni negoziato l'intervento di un mediatore esterno che avrebbe incontrato separatamente le due parti.

Sì. Con questa procedura hanno avuto luogo i colloqui per il primo e secondo trattato di tregua.

Eppure oggi vi dico, e lo annuncio al mondo intero, che noi accettiamo di vivere con voi in pace e giustizia. Non abbiamo intenzione di circondarvi né di essere circondati da missili micidiali pronti al lancio, e nemmeno dai proiettili sparati dal rancore e dall'odio.

Ho annunciato in più di una occasione che Israele è ora una realtà riconosciuta da tutto il mondo, e che le due superpotenze hanno preso sottogamba la responsabilità per la sua sicurezza e la difesa della sua esistenza stessa. Dal momento che noi cerchiamo davvero e sinceramente la pace totale, noi davvero e sinceramente vi diamo il benvenuto per vivere fra noi in pace e al sicuro.

C'era un muro immenso che ci contrapponeva, eretto da voi nell'arco di venticinque anni ma abbattuto nel 1973. Era il muro di una guerra psicologica implacabile e in ascesa costante. Era il muro del timore della forza che avrebbe potuto spazzare via l'intera nazione araba. Era un muro di propaganda che ci raffigurava come un mondo ridotto all'immobilità. Alcuni di voi si sono spinti a dire che neanche nel giro dei prossimi cinquant'anni gli arabi avrebbero recuperato la loro forza. Era un muro che minacciava, con un lungo braccio che poteva raggiungere e colpire ovunque. Era un muro che ci metteva in guardia dall'esercitare ogni diritto legittimo di liberare i territori occupati, a rischio di essere sterminati e distrutti.

Dobbiamo ammettere entrambi che quel muro è crollato definitivamente nel 1973. Eppure, ecco che un altro ostacolo rimane. Quest'altro muro costituisce una barriera psicologica, di sospetto, di repulsione; una barriera di paure, inganni e allucinazioni prive di qualsiasi azione, reazione e decisione.

Una barriera costituita dall'interpretazione distorta e corrosa di ogni evento storico e di ogni dichiarazione. È proprio questa barriera psicologica che ho appena descritto a costituire il 70 percento dell'intero problema.

Oggi, grazie a questa visita, chiedo: perché non protendiamo le nostre mani, con sincerità e fede, per distruggere insieme questa barriera? Perché non dovremmo incontrarci sotto l'auspicio della sincerità e della fede per abbattere ogni sospetto di paura, tradimento e cattive intenzioni?

Perché non resistiamo insieme con il coraggio degli uomini e l'ardimento degli eroi che si dedicano completamente a una causa eccelsa? Perché non resistiamo insieme con lo stesso coraggio per edificare un enorme tempio alla pace?

Un edificio da costruire, non da distruggere. Un edificio che sia un faro per le generazioni a venire, un messaggio del tutto umano alla costruzione, allo sviluppo e alla dignità dell'Uomo.

Signore e signori, devo dirvi la verità, la pace non è degna del proprio nome finché essa non è basata sulla giustizia, e non sull'occupazione della terra altrui. Non sarebbe giusto che voi reclamiate per voi stessi qualcosa che invece negate agli altri. In tutta franchezza e con lo spirito che mi ha spinto a venire qui oggi, vi dico che una volta per tutte dovete abbandonare tutti i sogni di conquista e la convinzione che la forza sia il mezzo migliore per interagire con gli arabi.

Dovreste avere una migliore comprensione dello scontro tra noi e voi. L'espansionismo non paga. Per essere sincero fino in fondo, la nostra terra non è soggetta a nessun baratto, neanche a discuterne...

Non possiamo accettare qualsiasi tentativo di espropriazione, né di appropriazione, né il principio stesso del dibattito e della contrattazione su questo argomento.

Inoltre, in tutta sincerità, vi dico che davanti a noi si presenta l'occasione più appropriata per ottenere la pace. Se siamo davvero seri nel nostro sforzo di pace, dobbiamo considerare che questa occasione potrebbe non manifestarsi più. Se sprecata o lasciata andare, quest'occasione rischia di condurre a una carneficina che sarà la maledizione dell'umanità e della storia.

Cosa significa pace per Israele? Significa vivere nella stessa regione, al sicuro e protetti, con i suoi vicini arabi. È una prospettiva logica? Io dico di sì. Significa che Israele vivrà all'interno dei suoi confini, al sicuro da ogni aggressione. È logico? Io dico di sì. Significa che Israele avrà ogni garanzia che le prerogative appena indicate saranno assicurate. Anche a questo, io dico di sì.

Inoltre, dichiariamo di attenerci a tutte le garanzie internazionali che anche voi avete in vista e accettato. Dichiariamo di accettare tutte le garanzie da voi richieste presso le due superpotenze, o una sola delle due, oppure dai Cinque Grandi o solo da alcune nazioni che li rappresentano. Ancora una volta, chiaramente e inequivocabilmente dichiaro che noi siamo disposti ad accettare qualsiasi richiesta di garanzia da voi proposta, perché in cambio otterremo le stesse garanzie.

In breve, quando chiediamo cosa significa la pace per Israele, la risposta è che Israele viva entro i suoi confini, al sicuro e protetta tra le nazioni arabe confinanti, nella trama di tutte le garanzie offerte e accettate.

Ma come si può raggiungere un simile risultato? Come possiamo arrivare a questa conclusione che ci condurrà a una pace stabile basata sulla giustizia? Esistono fatti che vanno affrontati con coraggio e chiarezza. Israele ha occupato e tuttora occupa con la forza alcuni territori arabi. Insistiamo sul completo abbandono di questi territori, compresa la parte araba di Gerusalemme.

Sono venuto a Gerusalemme, la città della pace, che rimarrà per sempre l'esempio vivente della convivenza dei credenti di tre religioni diverse. È inammissibile che venga concepito uno status speciale alla città di Gerusalemme in una prospettiva di annessione ed espansionismo. Dovrebbe essere una città libera e aperta a tutti i credenti.

Soprattutto, la città non dovrebbe essere privata di coloro che per secoli ne hanno fatto la loro dimora. Invece di rivivere l'esempio dei Crociati, dovremmo ispirarci allo spirito di Omar Ibn al-Khattab e del Saladino, cioè allo spirito di tolleranza e rispetto per la giustizia.

I luoghi santi all'Islam e alla Cristianità non sono solo luoghi di preghiera, ma la testimonianza vivente della nostra presenza qui. Politicamente, spiritualmente e intellettualmente non ci sono dubbi sull'importanza e la reverenza che noi tutti, cristiani e musulmani, riserviamo a Gerusalemme.

Lasciate che vi dica senza nessun ombra di esitazione che non sono venuto sotto il vostro tetto con l'esplicita richiesta di un'evacuazione militare dai territori occupati. Il ritiro completo dai territori arabi occupati nel 1967 è un fatto logico e indiscutibile. Nessuno dovrebbe perorare quella causa. Qualsiasi discorso improntato al raggiungimento di una pace stabile e basata sulla giustizia, e qualsiasi azione presa per assicurare la nostra coesistenza pacifica in questa regione del mondo non avrebbe più alcun significato se voi occupate con le armi i territori arabi.

Poiché non v'è pace che si possa costruire con l'occupazione delle terre altrui, altrimenti non sarebbe una pace seria. Eppure questa è una conclusione scontata, non passibile di dibattito se le intenzioni sono sincere o se gli sforzi di concludere una pace stabile e giusta per le nostre e vostre future generazioni sono sinceri.

Per quanto riguarda la questione palestinese, nessuno può negare che si tratta del punto cruciale dell'intero problema. Oggi più nessuno al mondo potrebbe accettare gli slogan diffusi qui in Israele, ignorando l'esistenza di un popolo palestinese e facendo domande sui loro movimenti. Perché i palestinesi e i loro diritti oggi non sono più negati da nessuno; perché nessuno che abbia l'abilità di giudicare può negare o rifiutare questo fatto. È un fatto acquisito, percepito dalla comunità mondiale, sia dall'Occidente che dall'Oriente, riconosciuto e supportato da documenti internazionali e dichiarazioni ufficiali. Non serve a nessuno fare orecchie da mercante a una voce così risoluta, che si sente notte e giorno, come non ha senso ignorare la sua realtà storica.

Persino gli Stati Uniti d'America, i vostri alleati d'elezione, determinati a salvaguardare la sicurezza e l'esistenza di Israele, a cui ha sempre offerto, e tuttora offre, ogni genere di aiuto: morale, materiale e militare. Persino gli Stati Uniti, dico, hanno scelto di affrontare la realtà e ammettere che il popolo palestinese può reclamare a pieno titolo i propri diritti, e che la questione palestinese è la causa e l'essenza del conflitto, e che finché non si giungerà a una soluzione questo conflitto si protrarrà fino ad aggravarsi, raggiungendo nuove dimensioni.

In tutta sincerità vi dico che non può esserci la pace senza i palestinesi. È un errore di incomparabili conseguenze ignorare o mettere da parte questa causa.

Non voglio indulgere in eventi passati come la Dichiarazione di Balfour di sessant'anni fa. Conoscete tutti l'importanza di quel testo. Se avete trovato la giustificazione morale e legale per fondare la vostra patria su una terra che non vi apparteneva, dovreste mostrare comprensione per l'insistenza del popolo palestinese di creare una nazione sulla loro terra. Quando qualche estremista chiede ai palestinesi di abbandonare quel sublime obiettivo, a tutti gli effetti chiede loro di rinunciare alla loro stessa identità e a qualsiasi tipo di futuro.

Mi appello alle voci di quegli israeliani favorevoli al

riconoscimento dei diritti del popolo palestinese allo scopo di raggiungere e salvaguardare la pace.

Così vi dico, signore e signori, che è inutile astenersi dal riconoscere ai palestinesi dei diritti e uno stato di appartenenza come scambio. Noi, gli arabi, abbiamo già affrontato questa esperienza con voi. E insieme alla realtà di Israele, abbiamo affrontato la lotta che ci ha condotti in più di una guerra, con vittime su vittime, fino a oggi, sull'orlo di un tragico abisso e di un disastro terribile finché, insieme, non coglieremo, oggi, l'occasione di una pace stabile basata sulla giustizia.

Dovete affrontare con coraggio la realtà, come ho fatto io. Non può esserci una soluzione al problema evadendolo di continuo o facendo finta di niente. La pace non può durare finché verranno fatti tentativi di imporre concetti fantasiosi ai quali il mondo intero ha voltato le spalle, annunciando in modo unanime un appello al rispetto dei diritti e dei fatti...

Un confronto schietto e diretto è la strada più breve per raggiungere un obiettivo preciso. Un confronto diretto sulla questione palestinese, da affrontare in un'unica lingua con la prospettiva di completare il processo di una pace permanente giace in seno all'edificazione stessa di quella pace. Con tutte le garanzie che richiedete, non dovreste avere alcun timore di uno stato neonato che necessita dell'assistenza di tutti i paesi del mondo.

Quando le campane della pace risuonano, non ci sono più mani libere per battere i tamburi della guerra. E anche se ci fossero, sarebbero ridotte al silenzio.

Concepite con me un trattato di pace a Ginevra, che useremo come esempio davanti a un mondo assetato di pace, un accordo articolato sui seguenti punti.

Ritiro dai territori arabi occupati nel 1967.

Concessione dei diritti fondamentali al popolo palestinese, compreso il diritto di creare un loro stato.

Il diritto di tutti i paesi nella regione di vivere in pace entro i loro confini, i loro confini protetti, da difendere e salvaguardare attraverso procedure ancora da stabilire, che forniranno l'appropriata sicurezza ai confini internazionali in aggiunta ad appropriate garanzie internazionali.

Impegno di tutti i paesi nella regione a gestire le relazioni tra loro in accordo con gli obiettivi e i principi della Carta delle Nazioni Unite. In modo particolare, i principi riguardanti il non ricorso alla forza e la risoluzione di problemi per mezzo di canali pacifici.

Fine dello stato di belligeranza nella regione.

Signore e signori, la pace non è un semplice sostegno alle parole scritte. È piuttosto una riscrittura della storia. La pace non è un gioco a cui si ricorre per difendere alcuni capricci o mascherare determinate ammissioni. Nella sua essenza, la pace è una lotta tremenda contro tutte le ambizioni e tutti i vani desideri.

Forse, l'esempio che noi conosciamo e che ci offre la storia insegna che i missili, le navi da guerra e le armi nucleari non bastano a garantire la sicurezza. Al contrario, distruggono ciò che la pace e la sicurezza hanno edificato.

In nome dei nostri popoli e della civiltà che l'uomo rappresenta, dobbiamo difenderci ovunque contro la forza delle armi, in modo da dotare l'umanità di tutto il potere dei valori e dei principi che servono al progresso del genere umano.

Permettetemi di rivolgere da questo podio il mio appello al popolo di Israele. Io mi impegno, attraverso parole vere e sincere, con ogni uomo, donna e bambino di Israele. A loro dico, da parte del popolo egiziano che benedice questa missione di pace, io vi consegno il messaggio di pace del popolo egiziano che non ripone nel cuore fanatismo e i cui figli, musulmani, cristiani ed ebrei, convivono in condizioni di serenità, amore e tolleranza.

Questo è l'Egitto, il cui popolo mi ha affidato l'onore di portare a voi il suo messaggio di pace. Un messaggio di sicurezza, protezione e pace a ogni uomo, donna e bambino di Israele. Io vi dico, incoraggiate i vostri leader a lottare per la pace. Lasciate che tutti gli sforzi siano canalizzati per edificare una roccaforte per la pace invece di costruire missili distruttivi.

Presentate al mondo l'immagine del nuovo uomo di questa terra, così da fornire un esempio per l'uomo del nostro tempo, l'uomo della pace totale. Ditelo ai vostri figli, dite loro che queste erano le ultime guerre e la fine del dolore. Dite loro che stiamo vivendo un nuovo inizio, una nuova vita, una vita di amore, prosperità, libertà e pace.

Tu, madre in pena, e tu, vedova, tu, figlio che ha perso il padre o il fratello, tutte le vittime della guerra, riempite l'aria con canti di pace, riempite i vostri cuori con aspirazioni di pace. Create qualcosa che sbocci e viva. Fate della speranza un codice di comportamento e un incentivo allo sforzo...

Ho scelto di mettere da parte tutti i precedenti e le tradizioni in uso fra due paesi in guerra. Nonostante l'occupazione dei territori arabi sia tuttora in corso, la dichiarazione della mia prontezza nel decidere di venire in Israele è stata accolta con molta sorpresa, suscitando clamore e confusione in molti. Alcuni hanno persino dubitato del mio intento.

Nonostante tutto questo, la decisione era ispirata da tutta la purezza e chiarezza d'animo e con tutte le vere passioni dettate al mio popolo dal desiderio e dalle intenzioni sincere, così ho intrapreso questa «follia», considerata da molti la strada più difficile.

Ho scelto di venire da voi con un cuore e una mente aperti. Ho scelto di fare questo grande salto per rilanciare gli sforzi internazionali rivolti alla pace. Ho scelto di presentarvi, a casa vostra, delle realtà, privo di qualsiasi secondo fine. Non per aggirarvi, o vincere un round, ma perché possiamo vincere insieme, il round più pericoloso che la storia moderna abbia conosciuto, la battaglia per raggiungere una pace stabile fondata sulla giustizia.

Non è solo la mia battaglia. Neppure è la battaglia della sola leadership di Israele. È la battaglia di ogni singolo abitante dei nostri territori, il cui diritto è di vivere in pace. È un impegno di coscienza e responsabilità riposto nel cuore di milioni di persone.

Quando ho proposto questa iniziativa, in molti hanno domandato cosa avevo pensato di guadagnare dalla visita e quali fossero le mie aspettative. Mentre fornisco le risposte, annuncio a tutti voi che non ho mai pensato a questa iniziativa calcolando cosa avrei guadagnato dalla visita. Sono venuto qui per consegnare un messaggio. E ho consegnato il messaggio, che Dio mi sia testimone.

Václav Havel
(1936-)

Testo del discorso pronunciato in occasione del conferimento del premio Erasmo nel 1986. Il tema è la costruzione dell'Europa unificata e la valorizzazione dell'umanesimo. Un obiettivo che secondo Havel chiede di non rinunciare al sogno, di dichiararlo, e anche di mettere nel conto la possibilità di «sacrificare anche molta parte della nostra felicità privata» per conseguire questo obiettivo. Una condizione che richiede la rivendicazione della pazzia (riprendendo l'eco della sollecitazione erasmiana). «Proviamo ad esser pazzi e a pretendere in tutta serietà di mutare quel che si definisce immutabile!», afferma Havel. La raccolta, al di là del Muro di Berlino, del messaggio nella bottiglia del '68: «Siate realisti! Chiedete l'impossibile!».

La consapevolezza che il premio Erasmo sia stato assegnato in passato a tante illustri personalità, affiancarmi alle quali mi crea non poco imbarazzo, non rende granché facile formulare un discorso di ringraziamento. L'unica cosa che attenua la mia comprensibile soggezione è la sensazione che l'apprezzamento per la mia opera letteraria si estenda implicitamente anche a Charta 77. Senza l'esperienza acquisita in dieci anni di militanza in

Charta 77, e senza il sostegno che ne ho ricevuto, difficilmente avrei potuto ottenere alcunché di quel poco che ho ottenuto negli ultimi anni. L'onore che, pur per mio tramite, viene conferito a Charta 77, è per me espressione di qualcosa di più: è un riconoscimento per tutti coloro che, in quella parte d'Europa in cui mi è dato vivere, tentano a tutti i costi e a dispetto di tutti gli ostacoli di vivere nella verità; per coloro che si sforzano di dire ad alta voce quello che pensano, che difendono l'uomo da tutte le pressioni disumanizzanti, che aspirano a un mondo migliore, un mondo senza guerre, senza il dominio della menzogna, senza umiliazione e senza devastazione di quella particella del cosmo su cui viviamo.

Con il vostro permesso, dunque, vorrei ringraziare la commissione del premio Erasmo per l'alta onorificenza che mi conferisce, a mio nome e a nome di tutti quelli che, nell'Europa orientale, tentano di parlare e creare con libertà, o che con questi ultimi simpatizzano.

Il fatto di vivere in quella parte d'Europa separata da voi, e verso la quale il premio Erasmo punta per la prima volta, in questa occasione solenne, mi spinge logicamente a riflettere su un interrogativo: come porre rimedio alla divisione del nostro continente.

Da più parti, dai governi fino ai vari movimenti sociali non conformisti, sentiamo parlare con crescente frequenza di un ideale di Europa come continente fondato sulla collaborazione amichevole fra nazioni uguali e indipendenti, dal quale, in luogo della minaccia di un conflitto armato fra le superpotenze, si diffonderebbe nel mondo la pace.

A prescindere dal grado di sincerità con cui questa visione viene dipinta, si tratta indubbiamente di una bella visione. Ma al momento, purtroppo, non è altro.

L'Europa è divisa da un'alta barriera, che ha la sua materializzazione simbolica nel Muro di Berlino.

Che cosa possiamo fare perché questa bella visione si trasformi un giorno in realtà? Cosa possiamo fare perché ogni nazione europea sia del tutto indipendente e autonoma e non debba temere i propri vicini? Cosa possiamo fare perché tutti i paesi europei possano godere della democrazia politica e della giustizia sociale, e riescano ad aiutare le regioni meno sviluppate in forme realmente rispondenti alle loro possibilità? Cosa possiamo fare perché ogni europeo si senta libero e sicuro, perché i suoi diritti siano garantiti e perché la sua vita abbia una dignità e un significato? Cosa possiamo fare per evitare che i nostri concittadini più giovani passino lunghi anni ad apprendere come uccidere il prossimo, e perché gli scienziati europei possano dedicare il loro ingegno alla salvaguardia della natura e non alla costruzione di armi sempre più sofisticate?

Credo che ognuno di noi possa fare almeno due cose. E trovo estremamente rappresentativo che entrambe queste cose siano in certo qual modo legate al retaggio di un grande europeo come Erasmo da Rotterdam.

Primo: tutti noi abbiamo la possibilità di continuare a ripetere che vogliamo quel che vogliamo; tutti noi – a dispetto della dura realtà politica e a dispetto di tutti i limiti determinati dalla natura umana e dalle condizioni spirituali, morali e sociali della civiltà contemporanea – possiamo scandire a voce alta i nostri ideali e imporli in maniera concreta; e a questi ideali possiamo sacrificare anche molta parte della nostra felicità privata, se almeno un po' condividiamo il credo del filosofo ceco Jan Patočka, per il quale esistono cose che valgono la sofferenza di un uomo; tutti noi possiamo assumere quel particolare, logico e nello stesso tempo enigmatico imperativo, che afferma che un uomo dovrebbe agire così come vorrebbe agissero tutti gli altri.

In breve, ciascuno di noi può arrivare a comprendere che anche l'uomo più insignificante e più impotente ha la possibilità di cambiare il mondo. L'enigma sta nell'incredibilità dell'idea che chiunque di noi possa, per così dire, scuotere la terra.

La logica è nel fatto che se non siamo io, tu, lui, noi, tutti a intraprendere questo cammino, allora non si riuscirà a smuovere nemmeno il mondo in cui viviamo, che tutti insieme costruiamo e del quale siamo responsabili.

Deve essere ognuno di noi a iniziare: se aspettiamo che sia un altro a farlo, sarà una vana attesa.

Non è vero che non può funzionare: la forza di volontà è l'unica cosa che possiede anche il più impotente di noi, per quanto ostacolata dal temperamento, dall'origine sociale, dal grado di cultura e di coscienza, ed è anche l'unica cosa che nessuno potrà mai toglierci.

Chi la farà valere forse otterrà qualcosa. Ma chi non ci prova nemmeno certo non otterrà nulla.

Erasmo è autore di un pregevole libro: *Elogio della pazzia*. Ebbene, la prima cosa che vi sto raccomandando è il coraggio di essere pazzi. Pazzi nel miglior senso della parola. Proviamo ad essere pazzi e a pretendere in tutta serietà di mutare quel che si definisce immutabile! Oggi, del resto, non siamo forse qui per rendere omaggio a un pazzo? E per suo tramite non si celebrano forse altre decine, centinaia di pazzi, che con la loro isolata pretesa di mutare l'immutabile non esitano a rischiare anni di prigione, e sono pronti – pazzia assoluta – a opporre al gigantesco potere della burocrazia di stato e della polizia il misero potere delle loro macchine da scrivere? Lungi da me l'idea di porre come esempio me stesso, i miei amici o i dissidenti dell'Est europeo. So con quanto coraggio si sono comportati gli olandesi durante la Seconda guerra mondiale, per dirne una, e non penso assolutamente che l'Est possa vantare più uomini coraggiosi dell'Ovest. Molti di voi, trovandosi nella situazione in cui molti di noi si sono trovati e continuano a trovarsi, l'affronterebbero allo stesso modo se non meglio. Se non fossi sicuro di questo non parlerei così. Se sono qui a raccomandarvi questo genere di pazzia, è proprio per la certezza che in tutta Europa gli uomini ne sono capaci. E se non riusciremo gradualmente a creare una collettività di pazzi di tutta l'Europa non otterremo niente, né noi né voi.

Arrivo così alla seconda cosa che credo rientri nelle possibilità di ognuno di noi, anch'essa legata al retaggio di Erasmo. Erasmo è giustamente considerato una grande, forse l'ultima, personificazione dell'unità europea.

Viaggiò in tutta l'Europa, parlò a tutta l'Europa, si sentì coinvolto nei problemi dell'Europa intera e in tutta l'Europa fu stimato e interpellato per aiuto e consigli. (Per inciso: la primissima traduzione dal latino del suo libro più famoso fu quella ceca!) Rispetto alla maggior parte dei suoi contemporanei, l'imminenza dello scisma in Europa lo toccò molto più profondamente. Di fronte allo scisma tentò – senza successo – di preservare e difendere l'unità dello spirito europeo, la coscienza europea, la tradizione europea. Questi valori erano strettamente legati all'idea che tutto ciò che è umano, nel più alto senso della parola, è anche cristiano, e dunque se tutti avessero rispettato i diritti dell'umanità, qualsiasi conflitto, per cause religiose, nazionali o di potere, avrebbe potuto essere superato. Sognava persino una specie di congregazione soprannazionale di saggi. Jan Patočka, che per una serie di circostanze, proprio alla fine della sua vita, fu onorato da un coraggioso invito da parte del ministro degli Esteri olandese, che lo ricevette quale portavoce di Charta 77 durante una sua visita a Praga, scrisse a suo tempo della «comunità degli sconvolti». Non è una variante contemporanea dell'antica idea di Erasmo? E lo sconvolgimento di quella comunità non è in realtà la fonte di quel genere di pazzia positiva? E non siamo dunque ritornati a quella collettività europea di pazzi?

Perché dico tutto questo, qui e oggi? Perché mi sembra che nessuna trattativa fra i governi e fra i capi di stato ci aiuti o possa aiutarci a realizzare questa bella visione di un'Europa libera, pacifica e unita, fino a quando i mediatori non avranno l'appoggio delle nazioni a cui appartengono. Anzi, di più: finché da esse non verranno costretti. L'Europa, insomma, deve estorcere questa conquista al duro mondo contemporaneo; i governi non ce la faranno da soli e attenderne la realizzazione da parte delle superpotenze significherebbe negare il suo stesso significato che ci impegna ad assumerci personalmente tale causa e non a delegarla per sempre ad altri. Certo, gli europei potranno averla vinta solo se spinti da una forte motivazione interiore, e cioè se saranno uniti e spronati da qualcosa che definirei coscienza europea. Un profondo sentimento di affinità. Un profondo sentimento di unità, pur nella diversità. La profonda coscienza di una storia comune millenaria e di una tradizione spirituale che affonda le sue radici nell'antichità e nell'elemento ebraico-cristiano. Un rinnovato rispetto per quei principi spirituali dai quali è emerso tutto ciò che di buono l'Europa ha creato. L'Europa è formata in gran parte da piccole nazioni, la cui storia politica e spirituale è cucita con migliaia di fili che si intrecciano in un solo tessuto. Senza aver acquisito la coscienza di questa realtà, senza un nuovo modo di comprenderne il significato e senza esserne orgogliosi, non si potrà avere alcun rinnovamento di una coscienza europea. E senza questo rinnovamento è arduo sperare in cambiamenti politici di qualche entità che abbiano come obiettivo una comunità europea di nazioni indipendenti. Dunque, se un filo invisibile ci ha portati dall'idea umanistica di Erasmo di una congregazione di dotti all'idea di Patočka di una «comunità degli sconvolti», questo filo non ci conduce in ultima istanza all'ideale di una coscienza europea da ricostituire? La seconda cosa in nostro potere, quindi (ora, in questo momento e ovunque), è concepire in modo nuovo la nostra comune appartenenza all'Europa.

Sono un uomo cauto nel complesso, tuttavia non ho potuto far a meno di notare che, negli ultimi anni, i sintomi di qualche cosa del genere ci sono stati, e molti.

Un piccolo esempio: negli anni Cinquanta, nel nostro paese, migliaia di innocenti furono arrestati e condannati a dure pene e l'Occidente non ne sapeva abbastanza da interessarsene. All'inizio degli anni Sessanta furono rinchiuse alcune decine di prigionieri politici. Di questo fatto il mondo era bene informato, ma non ci furono molte manifestazioni di solidarietà (in parte anche a causa di un'interpretazione tragicamente errata della politica della distensione come ostinato silenzio sui misfatti che avvenivano dall'altra parte). Quando alla fine degli anni Sessanta i miei amici e io fummo imprigionati, nel mondo ci fu una solidarietà quasi corale, per la quale sarò eternamente grato e commosso. Non credete che anche questo esempio dimostri che nell'Europa occidentale si stia facendo strada una sempre più chiara coscienza di ciò che l'Europa orientale ha già compreso da tempo e dolorosamente: cioè che esiste anche l'altra metà d'Europa? Ho l'impressione che si debba anche a questo crescente sentimento di solidarietà il fatto incoraggiante che oggi da noi imprigionare chi scrive è molto più difficile di quanto lo fosse negli anni Cinquanta.

Questa rinascita di una coscienza europea – almeno per come appare a me personalmente – non si manifesta nel modo tradizionale, con le posizioni ideologiche e l'abituale retorica anticomunista di qualche uomo di stato occidentale, che intende soltanto giustificare un aumento dei capitali per gli armamenti. Difficilmente in questo modo riusciranno a salvarci. Quel che ci vuole è altro: è una più sommessa consapevolezza del nostro destino comune, qualcosa di meno ideologico e per questo tanto più profondamente e interiormente sentito, più saldamente radicato nello spirito degli individui di tante nazioni, e di cui si riscontri una manifestazione attiva e quotidiana. Ed è proprio in questo senso che intravedo segnali di speranza. È come se gli abitanti dell'Europa occidentale avessero cominciato a comprendere che non potranno risolvere i loro problemi senza risolvere anche i problemi dell'Est europeo. Come se si stessero rendendo conto di far del male a se stessi, distogliendo lo sguardo dall'Est e convincendosi che quel che accade là non li riguarda. Come se vedessero più chiaramente che il loro benessere occidentale sarebbe assai precario qualora continuasse a fondarsi sull'infelicità dell'Est, e anch'esso si trasformerebbe prima o poi in infelicità. E così, mentre il territorio dei prosperosi paesi occidentali comincia a riempirsi di missili a testata nucleare, gli uomini dell'Occidente iniziano a domandarsi che senso abbia tutto questo. Tale domanda li costringe a volgere lo sguardo all'altra metà d'Europa, dove ci sono missili analoghi e per di più giganteschi eserciti tradizionali. E vedendo ciò sono portati a chiedersi: perché i nostri vicini orientali non sono allarmati quanto noi? Come possono credere che quei missili – al contrario di quelli occidentali – siano pacifici? Questo interrogativo, allora, richiama l'attenzione sulle condizioni dei diritti umani nell'altra metà del continente, dove anche la protesta più moderata contro i missili viene punita brutalmente e il minimo interesse per questioni pubbliche è soffocato sul nascere. Il paradosso è completo: grazie ai missili che vengono dislocati in Occidente, migliaia di persone cominciano a dubitare dei vantaggi del consumismo, di una felicità comprata con l'indifferenza per la sorte di chi vive a poche centinaia di chilometri a Est; cominciano a interessarsi a questa gente, a considerarli dei fratelli il cui destino è necessariamente legato al loro. In altre parole: nasce una coscienza europea. È triste che il merito della sua rinascita vada, fra l'altro, a oggetti così terrificanti quali le armi contemporanee. Ma che accada è comunque positivo.

Il nostro destino è davvero indivisibile, e più moderne sono le armi che ci circondano, più questa verità si manifesta con chiarezza; la nostra libertà personale appare sempre più vincolata alla libertà di tutti gli altri; la minaccia che incombe su alcuni investe sempre più anche gli altri; la spaventosa forza semovente del potere contemporaneo, sempre intento a predicare la pace mentre si prepara alla guerra, ci trascina tutti quanti insieme nel medesimo abisso; l'attacco alla dignità e ai diritti umani, generati dalla tradizione europea e codificati per la prima volta in America, è indirizzato (non importa chi lo dirige e dove) contro tutti.

Arrestiamo, tutti quanti insieme, la funesta pazzia del mondo, sbarriamole il passo con una pazzia diversa, migliore: la pazzia della nostra visione di una comunità europea unita nella pace, la pazzia della nostra coscienza europea.

Per concludere, oserei dire che questa circostanza, in cui un piccolo paese dell'Europa occidentale, a quattrocentocinquant'anni dalla morte di un grande europeo a cui ha dato i natali, assegna per la prima volta il suo più alto premio culturale a un uomo che vive in un piccolo paese dell'Europa orientale, è un'altra conferma della mia tesi sulla rinascita di una coscienza europea. Sono convinto, infatti, che assegnare oggi il premio Erasmo a un ceco dimostri agli olandesi, e a quel ceco, che per loro esiste una sola Europa, un'Europa divisa politicamente, ma spiritualmente unita e indivisibile.

Giovanni Paolo II
(1920-2005)

Testo del discorso pronunciato il 13 aprile 1986 nel corso della visita del Papa alla sinagoga di Roma. In forma ufficiale e «amichevole» era la prima volta che un Papa incontrava i suoi ebrei locali. Quell'incontro era il risultato di un lungo viaggio di volontà iniziato lentamente nel corso del Novecento da alcune minoranze ristrette e poi aperto ufficialmente con il Concilio Vaticano II, e infine concretamente concluso con il magistero di Giovanni Paolo II.

Signor Rabbino capo della comunità israelitica di Roma, signora presidente dell'Unione delle comunità israelitiche italiane, signor presidente delle comunità di Roma, signori rabbini, cari amici e fratelli ebrei e cristiani, che prendete parte a questa storica celebrazione.

Vorrei prima di tutto, insieme con voi, ringraziare e lodare il Signore che ha «disteso il cielo e fondato la terra» (Is 51,16) e che ha scelto Abramo per farlo padre di una moltitudine di figli, numerosa «come le stelle in cielo» e «come la sabbia che è sul lido del mare» (Gen 22,17; 15,5), perché ha voluto nel mistero della sua provvidenza, che questa sera si incontrassero in questo vostro «Tempio maggiore» la comunità ebraica che vive in questa città, fin dal tempo dei romani antichi, e il Vescovo di Roma e Pastore universale della Chiesa cattolica.

Sento poi il dovere di ringraziare il Rabbino capo, prof. Elio Toaff, che ha accolto con gioia, fin dal primo momento, il progetto di questa visita e che ora mi riceve con grande apertura di cuore e con vivo senso di ospitalità; e con lui ringrazio tutti coloro che, nella comunità ebraica romana, hanno reso possibile questo incontro e si sono in tanti modi impegnati affinché esso fosse nel contempo una realtà e un simbolo.

Grazie quindi a tutti voi. «Todà rabbà» (grazie tante).

Alla luce della parola di Dio testé proclamata e che «vive in eterno» (Is 30,8), vorrei che riflettessimo insieme, alla presenza del Santo, benedetto Egli sia! (come si dice nella vostra liturgia), sul fatto e sul significato di questo incontro tra il Vescovo di Roma, il Papa, e la comunità ebraica che abita e opera in questa città, a voi e a me tanto cara.

È da tempo che pensavo a questa visita. In verità, il Rabbino capo ha avuto la gentilezza di venire a incontrarmi, nel febbraio 1981, quando mi recai in visita pastorale alla vicina parrocchia di San Carlo ai Catinari. Inoltre, alcuni di voi sono venuti più di una volta in Vaticano, sia in occasione delle numerose udienze che ho potuto avere con rappresentanti dell'Ebraismo italiano e mondiale, sia ancor prima, al tempo dei miei predecessori, Paolo VI, Giovanni XXIII e Pio XII. Mi è poi ben noto che il Rabbino capo, nella notte che ha preceduto la morte di Papa Giovanni, non ha esitato ad andare a piazza San Pietro, accompagnato da un gruppo di fedeli ebrei, per pregare e vegliare, mescolato tra la folla dei cattolici e di altri cristiani, quasi a rendere testimonianza, in modo silenzioso ma così efficace, alla grandezza d'animo di quel Pontefice, aperto a tutti senza distinzione, e in particolare ai fratelli ebrei.

L'eredità che vorrei adesso raccogliere è appunto quella di Papa Giovanni, il quale una volta, passando di qui – come or ora ha ricordato il Rabbino capo – fece fermare la macchina per benedire la folla di ebrei che uscivano da questo stesso Tempio. E vorrei raccoglierne l'eredità in questo momento, trovandomi non più all'esterno bensì, grazie alla vostra generosa ospitalità, all'interno della Sinagoga di Roma.

Questo incontro conclude, in certo modo, dopo il pontificato di Giovanni XXIII e il Concilio Vaticano II, un lungo periodo sul quale occorre non stancarsi di riflettere per trarne gli opportuni insegnamenti. Certo non si può, né si deve, dimenticare che le circostanze storiche del passato furono ben diverse da quelle che sono venute faticosamente maturando nei secoli; alla comune accettazione di una legittima pluralità sul piano sociale, civile e religioso si è pervenuti con grandi difficoltà. La considerazione dei secolari condizionamenti culturali non potrebbe tuttavia impedire di riconoscere che gli atti di discriminazione, di ingiustificata limitazione della libertà religiosa, di oppressione anche sul piano della libertà civile, nei confronti degli ebrei, sono stati oggettivamente manifestazioni gravemente deplorevoli. Sì, ancora una volta, per mezzo mio, la Chiesa, con le parole del ben noto decreto *Nostra Aetate* «deplora gli odi, le persecuzioni e tutte le manifestazioni dell'antisemitismo dirette contro gli ebrei ogni tempo da chiunque»; ripeto: «da chiunque».

Una parola di esecrazione vorrei una volta ancora esprimere per il genocidio decretato durante l'ultima guerra contro il popolo ebreo e che ha portato all'olocausto di milioni di vittime innocenti. Visitando il 7 giugno 1979 il lager di Auschwitz e raccogliendomi in preghiera per le tante vittime di diverse nazioni, mi sono soffermato in particolare davanti alla lapide con l'iscrizione in lingua ebraica, manifestando così i sentimenti del mio animo. «Questa iscrizione suscita il ricordo del popolo, i cui figli e figlie erano destinati allo sterminio totale. Questo popolo ha la sua origine da Abramo che è padre della nostra fede come si è espresso Paolo di Tarso. Proprio questo popolo che ha ricevuto da Dio il comandamento "non uccidere", ha provato su se stesso in misura particolare che cosa significa l'uccidere. Davanti a questa lapide non è lecito a nessuno di passare oltre con indifferenza».

Anche la Comunità ebraica di Roma pagò un alto prezzo di sangue. Ed è stato certamente un gesto significativo che, negli anni bui della persecuzione razziale, le porte dei nostri conventi, delle nostre chiese, del Seminario romano, di edifici della Santa Sede e della stessa Città del Vaticano si siano spalancate per offrire rifugio e salvezza a tanti ebrei di Roma, braccati dai persecutori.

L'odierna visita vuole recare un deciso contributo al consolidamento dei buoni rapporti tra le nostre due comunità, sulla scia degli esempi offerti da tanti uomini e donne, che si sono impegnati e si impegnano tuttora, dall'una e dall'altra parte, perché siano superati i vecchi pregiudizi e si faccia spazio al riconoscimento sempre più pieno di quel «vincolo» e di quel «comune patrimonio spirituale» che esistono tra ebrei e cristiani. È questo l'auspicio che già esprimeva il paragrafo n. 4, che ho ora ricordato, della dichiarazione conciliare *Nostra Aetate* sui rapporti tra la Chiesa e le religioni non cristiane. La svolta decisiva nei rapporti della Chiesa cattolica con l'Ebraismo, e con i singoli ebrei, si è avuta con questo breve ma lapidario paragrafo.

Siamo tutti consapevoli che, tra le molte ricchezze di questo numero 4 della *Nostra Aetate*, tre punti sono specialmente rilevanti. Vorrei sottolinearli qui, davanti a voi, in questa circostanza veramente unica.

Il primo è che la Chiesa di Cristo scopre il suo «legame» con l'Ebraismo «scrutando il suo proprio mistero». La religione ebraica non ci è «estrinseca», ma in un certo qual modo, è «intrinseca» alla nostra religione. Abbiamo quindi verso di essa dei rapporti che non abbiamo con nessun'altra religione. Siete i nostri fratelli prediletti e, in un certo modo, si potrebbe dire i nostri fratelli maggiori.

Il secondo punto rilevato dal Concilio è che agli ebrei, come popolo, non può essere imputata alcuna colpa atavica o collettiva, per ciò «che è stato fatto nella passione di Gesù». Non indistintamente agli ebrei di quel tempo, non a quelli venuti dopo, non a quelli di adesso. È quindi inconsistente ogni pretesa giustificazione teologica di misure discriminatorie o, peggio ancora, persecutorie. Il Signore giudicherà ciascuno «secondo le proprie opere», gli ebrei come i cristiani (Rm 2,6).

Il terzo punto che vorrei sottolineare nella dichiarazione conciliare è la conseguenza del secondo; non è lecito dire, nonostante la coscienza che la Chiesa ha della propria identità, che gli ebrei sono «reprobi o maledetti», come se ciò fosse insegnato, o potesse venire dedotto dalle Sacre Scritture, dell'Antico come del Nuovo Testamento. Anzi, aveva detto prima il Concilio, in questo stesso brano della *Nostra Aetate*, ma anche nella costituzione dogmatica *Lumen gentium* (*Lumen gentium,* 6), citando San Paolo nella lettera ai Romani (Rm 11,28-29), che gli ebrei «rimangono carissimi a Dio», che li ha chiamati con una «vocazione irrevocabile».

Su queste convinzioni poggiano i nostri rapporti attuali. Nell'occasione di questa visita alla vostra Sinagoga, io desidero riaffermarle e proclamarle nel loro valore perenne. È infatti questo il significato che si deve attribuire alla mia visita in mezzo a voi, ebrei di Roma.

Non è certo perché le differenze tra noi siano ormai superate che sono venuto tra voi. Sappiamo bene che così non è. Anzitutto, ciascuna delle nostre religioni, nella piena consapevolezza dei molti legami che la uniscono all'altra, e in primo luogo di quel «legame» di cui parla il Concilio, vuole essere riconosciuta e rispettata nella propria identità, al di là di ogni sincretismo e di ogni equivoca appropriazione.

Inoltre è doveroso dire che la strada intrapresa è ancora agli inizi, e che quindi ci vorrà ancora parecchio, nonostante i grandi sforzi già fatti da una parte e dall'altra, per sopprimere ogni forma seppur subdola di pregiudizio, per adeguare ogni maniera di esprimersi e quindi per presentare sempre e ovunque, a noi stessi e agli altri, il vero volto degli ebrei e dell'Ebraismo, come anche dei cristiani e del Cristianesimo, e ciò a ogni livello di mentalità, di insegnamento e di comunicazione.

A questo riguardo, vorrei ricordare ai miei fratelli e sorelle della Chiesa cattolica, anche di Roma, il fatto che gli strumenti di applicazione del Concilio in questo campo preciso sono già a disposizione di tutti, nei due documenti pubblicati rispettivamente nel 1974 e nel 1985 dalla commissione della Santa Sede per i Rapporti religiosi con l'Ebraismo. Si tratta soltanto di studiarli con attenzione, di immedesimarsi nei loro insegnamenti e di metterli in pratica.

Restano forse ancora fra di noi difficoltà di ordine pratico, che attendono di essere superate sul piano delle relazioni fraterne: esse sono frutto sia dei secoli di mutua incomprensione, sia anche di posizioni diverse e di atteggiamenti non facilmente componibili in materie complesse e importanti.

A nessuno sfugge che la divergenza fondamentale fin dalle origini è l'adesione di noi cristiani alla persona e all'insegnamento di Gesù di Nazaret, figlio del vostro popolo, dal quale sono nati anche Maria Vergine, gli apostoli, «fondamento e colonne della Chiesa», e la maggioranza dei membri della prima comunità cristiana. Ma questa adesione si pone nell'ordine della fede, cioè nell'assenso libero dell'intelligenza e del cuore guidati dallo Spirito, e non può mai essere oggetto di una pressione esteriore, in un senso o nell'altro; è questo il motivo per il quale noi siamo disposti ad approfondire il dialogo in lealtà e amicizia, nel rispetto delle intime convinzioni degli uni e degli altri, prendendo come base fondamentale gli elementi della rivelazione che abbiamo in comune, come «grande patrimonio spirituale».

Occorre dire, poi, che le vie aperte alla nostra collaborazione, alla luce della comune eredità tratta dalla Legge e dai profeti, sono varie e importanti. Vogliamo ricordare anzitutto una collaborazione in favore dell'uomo, della sua vita dal concepimento fino alla morte naturale, della sua dignità, della sua libertà, dei suoi diritti, del suo svilupparsi in una società non ostile, ma amica e favorevole, dove regni la giustizia e dove, in questa nazione, nei continenti e nel mondo, sia la pace a imperare, lo «shalom» auspicato dai legislatori, dai profeti e dai saggi d'Israele.

Vi è, più in generale, il problema morale, il grande campo dell'etica individuale e sociale. Siamo tutti consapevoli di quanto sia acuta la crisi su questo punto nel tempo in cui viviamo. In una società spesso smarrita nell'agnosticismo e nell'individualismo e che soffre le amare conseguenze dell'egoismo e della violenza, ebrei e cristiani sono depositari e testimoni di un'etica segnata dai dieci Comandamenti, nella cui osservanza l'uomo trova la sua verità e libertà. Promuovere una comune riflessione e collaborazione su questo punto è uno dei grandi doveri dell'ora.

E finalmente vorrei rivolgere il pensiero a questa Città dove convive la comunità dei cattolici con il suo Vescovo, la comunità degli ebrei con le sue autorità e con il suo Rabbino capo. Non sia la nostra soltanto una «convivenza» di stretta misura, quasi una giustapposizione, intercalata da limitati e occasionali incontri, ma sia essa animata da amore fraterno.

I problemi di Roma sono tanti. Voi lo sapete bene. Ciascuno di noi, alla luce di quella benedetta eredità a cui prima accennavo, sa di essere tenuto a collaborare, in qualche misura almeno, alla loro soluzione. Cerchiamo, per quanto possibile, di farlo insieme; che da questa mia visita e da questa nostra raggiunta concordia e serenità sgorghi, come il fiume che Ezechiele vide sgorgare dalla porta orientale del Tempio di Gerusalemme (Ez 47,1 ss.), una sorgente fresca e benefica che aiuti a sanare le piaghe di cui Roma soffre.

Nel far ciò, mi permetto di dire, saremo fedeli ai nostri rispettivi impegni più sacri, ma anche a quel che più profondamente ci unisce e ci raduna: la fede in un solo Dio che «ama gli stranieri» e «rende giustizia all'orfano e alla vedova» (Dt 10,18), impegnando anche noi ad amarli e a soccorrerli. I cristiani hanno imparato questa volontà del Signore dalla Torah, che voi qui venerate, e da Gesù che ha portato fino alle estreme conseguenze l'amore domandato dalla Torah.

Non mi rimane adesso che rivolgere, come all'inizio di questa mia allocuzione, gli occhi e la mente al Signore, per ringraziarlo e lodarlo per questo felice incontro e per i beni che da esso già scaturiscono, per la ritrovata fratellanza e per la nuova più profonda intesa tra di noi qui a Roma, e tra la Chiesa e l'Ebraismo dappertutto, in ogni paese, a beneficio di tutti. Perciò vorrei dire con il salmista, nella sua lingua originale che è anche la vostra ereditaria: «Celebrate il Signore, perché è buono: perché eterna è la sua misericordia. / Dica Israele che egli è buono: / eterna è la sua misericordia. / Lo dica chi teme Dio: / eterna è la sua misericordia (Sal 118,1-2.4)». Amen.

Yassir Arafat – Yitzhak Rabin,
(1929-2004) (1922-1995)

Il 13 settembre 1993, ufficialmente e pubblicamente, si incontravano sul prato della Casa Bianca i due uomini simbolo dei palestinesi e degli israeliani, per dichiarare che forse una possibilità di accordo si sarebbe potuta trovare, che alla pace era possibile dare una chance. L'evento trasmesso in mondovisione doveva sancire l'irreversibilità di un impegno, ovvero la dichiarazione pubblica che non ci sarebbe stata revoca rispetto al cammino intrapreso. C'è stato un momento in cui il sogno non solo era possibile, ma sembrava realizzabile. Noi sappiamo oggi che il terreno è più impervio, più accidentato. In ogni caso non facile. Eppure a rileggere questi due testi non si troverà la dichiarazione ottimistica o ingenua che il sogno si sarebbe realizzato. In entrambi questi due testi ciascuno dei protagonisti giunge al tavolo del confronto parlando ai propri, ricordando i morti, i sacrifici, le delusioni, in breve le amarezze di una lunga storia dietro le spalle. Noi sappiamo che nessuno dei due ce l'ha fatta. Il primo ucciso dall'atto di un estremista di casa propria, il secondo intrappolato e incapsulato in molti lati oscuri e incerti della sua stessa personalità politica e dalle molte incertezze del suo fronte interno. Sappiamo peraltro che ancora di lì e intorno a quelle questioni si produrrà un compromesso possibile. È la forma del sogno che probabilmente deve trovare altre dimensioni. Ma il sogno rimane.

In nome di Dio misericordioso e iracondo, signor presidente, signore e signori: vorrei prima di tutto esprimere la più profonda gratitudine al presidente Clinton e ai membri dell'amministrazione per avere patrocinato questo evento storico, che tutto il mondo aspettava. Signor presidente, colgo questa opportunità per assicurare lei e il grande popolo americano che noi condividiamo i vostri ideali di libertà, giustizia e il rispetto dei diritti umani, valori per i quali il mio popolo ha dovuto combattere.

La mia gente nutre la speranza che l'accordo che oggi firmiamo segni l'inizio della fine di un capitolo di dolore e sofferenza che si è protratto per tutto questo secolo. Il mio popolo spera che questo accordo che oggi sigleremo ci spingerà in un'epoca di pace, coesistenza e rispetto dei diritti civili. Ci affidiamo al suo ruolo, signor presidente, e sul ruolo di tutte le nazioni consapevoli che senza la pace in Medio Oriente, la pace globale sarà incompleta.

Migliorare i termini dell'accordo verso la sua stesura definitiva, dopo due anni dalla fedele applicazione delle risoluzioni ONU numero 242 e 338, risolvere i punti chiave relativi a Gerusalemme, gli insediamenti, i rifugiati e i confini, sarà responsabilità della Palestina e di Israele. È anche responsabilità della comunità internazionale aiutare le fazioni a superare le tremende difficoltà che ancora rimangono prima di raggiungere un accordo completo e definitivo.

Ora, sulla soglia di questa nuova epoca, permettetemi di rivolgermi al popolo israeliano e ai suoi leader, con i quali ci incontriamo oggi per la prima volta. Voglio assicurare loro che la difficile decisione che abbiamo raggiunto insieme ha richiesto un coraggio eccezionale.

Avremo bisogno di più coraggio e determinazione per continuare il processo di pace e convivenza fra noi. Questo è possibile. Avverrà in nome della reciproca determinazione e grazie allo sforzo effettuato da entrambe le parti, per rendere salde le fondamenta di una pace giusta e definitiva. Il nostro popolo non crede che l'esercizio del libero arbitrio possa violare i diritti dei vicini o incrinare la loro sicurezza. Piuttosto, porre fine alla loro sensazione di essere in torto e di avere sofferto un'ingiustizia storica è la garanzia più forte che si possa offrire perché due popoli e le future generazioni possano convivere senza problemi.

I nostri due popoli attendono oggi che questa speranza si realizzi. E vogliono dare alla pace una vera possibilità.

Un cambiamento di questa portata ci darà l'opportunità di imbarcarci in un processo di crescita e sviluppo economico, sociale e culturale. Noi speriamo che la partecipazione internazionale in quel processo sia la più estesa possibile. Questo cambiamento fornirà anche un'opportunità per esercitare un tipo di collaborazione su larga scala e in tutti i campi.

Io la ringrazio, signor presidente. Speriamo tutti che l'incontro di oggi segni davvero un nuovo inizio per una fruttuosa ed effettiva relazione tra il popolo americano e quello palestinese.

Desidero inoltre ringraziare i rappresentanti della delegazione sovietica e il presidente Boris Yeltsin. I nostri ringraziamenti vanno anche al segretario di stato Warren Christopher, al ministro degli Esteri sovietico Andrei V. Kozyrev, al governo norvegese e al primo ministro della Norvegia, per il ruolo positivo svolto nell'organizzazione di questo importante evento.

Estendo la mia gratitudine a tutti i leader arabi, nostri fratelli, e a tutti gli altri capi di stato nel mondo che hanno contribuito a rendere questo traguardo una realtà.

«Signore e signori, la battaglia per la pace è anche la più difficile da vincere. Merita tutti gli sforzi possibili, perché un mondo di pace, una terra di pace brama solo una pace giusta e definitiva.»

Signor presidente, signore e signori.

La firma della Dichiarazione dei Principi Israeliano-Palestinese, oggi qui, non è semplice neanche per me, come soldato durante le guerre combattute da Israele, non è semplice per il popolo di Israele, non lo è per gli ebrei della diaspora che ora ci guardano con grande speranza, mista ad apprensione. Non è certo facile per le famiglie delle vittime della guerra, della violenza e del terrore, il cui dolore non avrà mai sollievo. Per le molte migliaia di coloro che hanno difeso la nostra vita con la loro, a volte sacrificandola, per loro questa cerimonia arriva troppo tardi. Oggi, alla vigilia di un'opportunità di pace che forse porrà fine alla violenza e alla guerra, noi ricordiamo tutti loro con infinito amore.

Siamo venuti qui da Gerusalemme, l'antica ed eterna capitale degli ebrei. Siamo venuti da una terra angosciata e in pena. Siamo venuti da un popolo, una casa, una famiglia, che non hanno conosciuto un anno, un mese, in cui le madri non piangessero per la perdita dei loro figli. Siamo venuti per cercare di fermare le ostilità, così che i nostri figli, e i figli dei nostri figli, non conosceranno il costo doloroso della guerra, della violenza e del terrore. Siamo venuti qui per proteggere la loro vita, per alleviare i ricordi penosi e dolorosi del passato e per sperare e pregare per la pace.

Palestinesi, lasciate che vi dica: siamo destinati a vivere insieme sullo stesso suolo, sulla stessa terra. Noi, i soldati che sono tornati dalla battaglia macchiati di sangue, noi che abbiamo visto i nostri parenti e amici uccisi davanti agli occhi, noi che siamo stati ai loro funerali senza avere il coraggio di guardare negli occhi le loro famiglie, noi che siamo venuti da una terra dove i genitori seppelliscono i propri figli, noi che abbiamo combattuto contro di voi, palestinesi. Noi oggi diciamo con voce forte e chiara: basta con sangue e lacrime. Basta.

Non desideriamo vendetta. Non nutriamo odio per voi. Noi, come voi, siamo un popolo che vuole costruire una casa, piantare un albero, amare, fianco a fianco con voi, dignitosamente, con empatia, come esseri umani, come uomini liberi. Oggi, stiamo dando alla pace una possibilità, perciò vi ripeto: basta. Preghiamo affinché un giorno tutti potremo finalmente dire: addio alle armi.

Vogliamo aprire un nuovo capitolo nel triste libro della nostra convivenza, un capitolo di riconoscimento reciproco, di buon vicinato, di mutuo rispetto, di comprensione. Speriamo di imbarcarci insieme in una nuova èra per il Medio Oriente. Oggi, qui a Washington, alla Casa Bianca, daremo il via a un nuovo riconoscimento nelle relazioni tra i popoli, tra i genitori stanchi della guerra, tra figli che non conosceranno la guerra. Presidente degli Stati Uniti, signore e signori.

La nostra forza interiore, i nostri elevati valori morali, si fondano da migliaia di anni sul Libro dei Libri, di cui leggiamo un passaggio tratto dal Coheleth:

Per ogni cosa c'è una stagione,
e il cielo accorda un tempo per ogni scopo:
Un tempo per nascere, e un tempo per morire;
Un tempo per uccidere, e un tempo per guarire;
Un tempo per piangere, e un tempo per ridere;
Un tempo per amare, e un tempo per odiare;
Un tempo di guerra, e un tempo di pace!

Signore e signori, il tempo per la pace è giunto.

Tra due giorni, gli ebrei festeggeranno il nuovo anno. Io credo, spero, prego che il nuovo anno porti con sé un messaggio di redenzione per tutti i popoli: che sia un buon anno per voi, per tutti voi. Un buon anno per gli israeliani e i palestinesi, un buon anno per tutti i popoli del Medio Oriente. Un buon anno per gli amici americani, che desiderano la pace e ci stanno aiutando a raggiungerla, ai presidenti e ai membri delle precedenti amministrazioni, e soprattutto a lei, presidente Clinton, e al suo staff, e per tutti gli abitanti del pianeta: che la pace arrivi nelle vostre case.

Secondo la tradizione ebraica, è usanza chiudere le cerimonie con la parola «Amen». Con il vostro permesso, uomini di pace, concluderò con le parole della preghiera recitata ogni giorno dagli ebrei, e per chiunque tra voi voglia partecipare, chiederò al pubblico di unirsi a me per intonare «Amen: che la pace sia nell'alto dei cieli. Che la pace sia con noi e con tutta Israele. E loro risponderanno: Amen».

LO SCENARIO UNIVERSALISTICO

... Morena boloka sechaba sa heso,
O fedise dintwa le matshwenyeho,
Morena boloka sechaba sa heso,
*O fedise dintwa le matshwenyeho ...**

Nkosi Sikelel' iAfrika,
Inno dell'African National Congress

* Signore, ti chiediamo di proteggere la nostra nazione. / Intervieni, e fai che finisca ogni conflitto. / Signore, ti chiediamo di proteggere la nostra nazione. / Intervieni, e fai che finisca ogni conflitto.

THOMAS W. WILSON
(1856-1924)

Testo del discorso tenuto il 25 gennaio 1919 di fronte alla sessione plenaria della Conferenza di Pace di Parigi e in cui Wilson – presidente degli Stati Uniti – illustra e sostiene l'idea della Società delle Nazioni come progetto dell'opinione pubblica democratica su cui concentrare tutti gli sforzi dei gruppi dirigenti nazionali. Un testo che ancora esprime un desiderio non risolto, secondo il sogno del raggiungimento della «pace perpetua».

Signor presidente:

considero un onore e un privilegio avere il permesso di aprire i lavori in questa conferenza sulla Lega delle Nazioni. Ci siamo riuniti qui con un doppio scopo, per stipulare degli accordi resi necessari da questa guerra, e anche per assicurare la pace nel mondo, non solo grazie a questi accordi, ma anche dagli aggiornamenti che verranno decisi in questa conferenza perché essi siano rispettati. La Lega delle Nazioni mi sembra assolutamente necessaria per realizzare entrambi questi obiettivi. Sono molte e complicate le domande sollevate da questi accordi, e forse non tutte otterranno una risposta soddisfacente o definitiva dalle decisioni che prenderemo qui. Sono il primo a essere cosciente che molti di questi accordi saranno riveduti in un fase successiva, e che molte delle decisioni a cui arriveremo dovranno essere riviste alla luce delle situazioni contingenti; questo perché, stando allo studio che ho effettuato su alcune delle domande in esame, a molte non è possibile oggi dare risposta con sicurezza assoluta.

È quindi necessario che si costruisca una specie di macchinario, un ingranaggio che permetta di completare i lavori di questa conferenza. Ci siamo riuniti qui allo scopo di stipulare qualcosa di molto più complicato degli accordi. Ci siamo riuniti in condizioni peculiari dell'opinione mondiale. Potrei dire senza esagerazione che non siamo qui come rappresentanti di governi, ma di popoli. Non sarà sufficiente soddisfare gli ambienti governativi, dovremo soddisfare l'opinione del genere umano. Il fardello rappresentato da questa guerra è caduto come un peso insostenibile sulle spalle della popolazione di tutti i paesi coinvolti. Non ho bisogno di delinearvi come questo fardello si è abbattuto dal fronte sulla schiena dei vecchi, delle donne, dei bambini, sulle case del mondo civilizzato, e come il vero segno lasciato dalla guerra sia caduto dove l'occhio dei governi non riesce a vedere, ma dove batte il cuore dell'umanità. Noi abbiamo l'obbligo di garantire a questi popoli una pace duratura. Abbiamo l'obbligo nei loro confronti perché questo segno terribile non si abbatta di nuovo sulle loro spalle, e mi azzardo a dire che se hanno sopportato quel peso è perché speravano che i loro rappresentanti si riunissero dopo questa guerra per evitare un ulteriore e inutile sacrificio.

Da parte nostra, questo è un obbligo solenne, l'obbligo di stabilire degli accordi permanenti perché giustizia sia fatta e la pace mantenuta. È questo il nodo centrale del nostro incontro. Gli accordi possono essere temporanei, ma l'intervento delle nazioni nell'interesse di pace e giustizia deve essere stabile. Possiamo mettere in atto un processo permanente, forse non saremo in grado di prendere decisioni permanenti. Perciò, credo che tutti noi, per quanto sia possibile, dobbiamo farci un quadro del mondo in cui viviamo. Non è forse una circostanza allarmante, per esempio, che le grandi scoperte scientifiche, gli studi pacifici effettuati nei laboratori, gli sviluppi del pensiero che hanno avuto luogo in silenziose biblioteche, siano stati diretti verso la distruzione della civiltà? Il potere di distruggere non si è moltiplicato, ma è stato utilizzato con abilità. Il nemico che abbiamo appena sconfitto poteva contare su alcuni tra i principali centri di studio scientifico, e li ha utilizzati per distruggere, all'improvviso e completamente; solo la continua e vigile cooperazione di tutti gli uomini può garantire che la scienza, insieme agli eserciti, sia tenuta entro i confini della civiltà.

In un certo senso gli Stati Uniti sono meno interessati a questo aspetto delle altre nazioni qui riunite. Grazie alla vastità dei suoi territori e agli ampi confini marittimi, è poco credibile che gli Stati Uniti possano essere attaccati dai suoi nemici, come invece succede per altri paesi qui presenti; e l'ardore degli Stati Uniti – un sentimento profondo e sincero – per la Società delle Nazioni non è dettato da paura o apprensione, ma dagli ideali emersi nel corso di questa guerra. Partecipando al conflitto, gli Stati Uniti non hanno mai pensato per un solo momento di intervenire nella politica dell'Europa o in quella dell'Asia, o in quella di qualsiasi altro paese del mondo. Era nostra convinzione che l'intero pianeta si fosse reso conto che esisteva una sola causa per cui schierarsi in questa guerra. È la causa della giustizia e della libertà per tutti gli uomini, a qualsiasi luogo essi appartengano. Perciò, gli Stati Uniti penseranno di avere partecipato invano a questa guerra, se le decisioni prese qui riguarderanno solo lo scenario europeo. Sembrerebbe quasi un'esclusione dalle garanzie stabilite dagli accordi europei, soprattutto considerando che tali accordi coinvolgono la continua supervisione della pace nel mondo da parte della nazioni qui riunite.

Così, credo che sia meglio condurre i nostri giudizi perché la Lega delle Nazioni sia un organismo vitale, non solo una creazione formale, né occasionale, né un organo portato in vita solo per affrontare le emergenze, ma sempre in funzione, in vigile sorveglianza sugli interessi delle nazioni, e la sua continuità dovrebbe essere vitale. Dovrà avere funzioni continuative, che non permettano intromissioni nella sua attività di vigilanza e nei suoi sforzi; dovrà essere l'occhio delle nazioni che sorveglia gli interessi comuni, un occhio che non dorme mai, sempre vigile e attento e che punta il suo sguardo ovunque.

E se non lo rendiamo una realtà, cosa faremo allora? Deluderemo le aspettative di interi popoli, perché questo è ciò che chiedono. Da quando sono giunto da questa parte dell'oceano, ho visitato con molto piacere parecchie nazioni, e ogni volta la voce del popolo si indirizzava a me attraverso i rappresentanti ufficiali, e al centro di ogni richiesta si ergeva la speranza riposta nella Lega delle Nazioni. Signori, le classi elette dell'umanità non governano più l'uomo. Le sorti del genere umano sono ora nelle mani della gente comune di tutto il pianeta. Soddisfateli, e avrete giustificato non solo la loro fiducia, ma anche stabilito la pace. Fallite in questo compito, e nessun accordo servirà a stabilire e mantenere la pace nel mondo.

Potete immaginare, signori, oso dire, i sentimenti e le intenzioni con le quali i rappresentanti degli Stati Uniti supportano questo grande progetto della Lega delle Nazioni. Lo consideriamo la pietra angolare dell'intero programma che esprimeva i nostri obiettivi e i nostri ideali in questa guerra, e che le nazioni qui riunite hanno accettato come base dei futuri accordi. Se dovessimo tornare negli Stati Uniti senza aver compiuto nessuno sforzo in nostro potere per realizzare questo programma, torneremo per essere derisi dai nostri stessi cittadini. Poiché essi costituiscono una grande democrazia. Si aspettano che i loro leader espongano il pensiero dell'intera nazione, senza altri scopi personali. Si aspettano che i loro rappresentanti siano anche i loro servitori. E noi non abbiamo altra scelta se non quella di obbedire alla loro volontà. Ma è con il massimo dell'entusiasmo e del piacere che noi rispettiamo quel mandato; e poiché questa è la pietra miliare dell'intera costruzione, abbiamo dedicato ogni sforzo per erigerla, come del resto abbiamo fatto per il resto dell'edificio. Non abbiamo nessuna intenzione di cedere su anche una singola parte del programma che definisce le nostre volontà. Non abbiamo intenzione di arrivare a compromessi per favorire una questione in particolare – la pace nel mondo, l'atteggiamento della giustizia, il principio che non siamo i padroni di nessun popolo –, ma siamo qui perché ogni popolo nel mondo sia libero di scegliere i suoi leader per guidare il proprio destino non come noi desideriamo, ma come desiderano loro stessi. In breve, noi siamo qui per accertarci che le fondamenta che hanno portato a questa guerra siano rimosse completamente. Quelle fondamenta rappresentavano solo le volontà private di un gruppo ristretto, composto da governanti civili e membri dell'esercito. Quelle fondamenta si sono manifestate nell'aggressione di paesi piccoli da parte di grandi potenze. Quelle fondamenta tenevano insieme imperi costituiti da uomini costretti dalla violenza delle armi. Quelle fondamenta erano la rappresentazione tangibile della volontà di pochi uomini desiderosi di imporre le loro volontà al genere umano, utilizzando le popolazioni come pedine su una scacchiera. E solo l'emancipazione del mondo intero da questi principi renderà pissibile la pace. Potete vedere bene che i rappresentanti degli Stati Uniti non hanno mai, perciò, imposto l'imbarazzo di agire in base a un vantaggio personale, ma si sono sempre attenuti fedelmente ai principi fondamentali. E, grazie a Dio, questi principi sono stati accettati come la base degli accordi da tutti gli uomini illuminati che hanno avuto a che fare con l'inizio di questo grande progetto.

Io spero, signor presidente, che quando sarà reso noto, come confido accadrà, che abbiamo adottato il principio della Lega delle Nazioni e che desideriamo che esso si trasformi in un'azione effettiva, avremo anche alleviato gran parte dell'ansia dal cuore degli uomini in tutto il mondo. Noi siamo un caso particolare. Quando passeggio per le strade, qui, vedo uniformi americane ovunque. Quegli uomini sono entrati in guerra dopo avere ascoltato i nostri obiettivi. Sono venuti qui come i crociati, non solo per vincere una guerra, ma per vincere una causa; e io sono responsabile per loro, poiché è caduto su di me l'onere di formulare lo scopo per cui avrebbero dovuto combattere, e io, come loro, sono un crociato, e a qualunque costo e con qualunque sforzo mi impegnerò per trasformare in realtà lo scopo per il quale essi hanno combattuto. Sono stato felice di scoprire, giorno dopo giorno, che non eravamo i soli a pensarla così, perché i campioni di questa causa sono molti. Sto confessando questo perché possiate capire perché, forse, è caduto proprio su di noi, svincolati dalla politica di questo grande continente e dell'oriente, il compito di suggerire che questa fosse la pietra miliare dell'edificio, e perché proprio a me sia stata generosamente offerta la possibilità di aprire questo incontro. Non è solo perché noi e solo noi rappresentiamo questo ideale, ma perché consideriamo un privilegio condividerla e rappresentarla con voi.

Ho solo tentato di comunicarvi l'entusiasmo che proviamo nel nostro cuore per questo progetto, poiché quest'entusiasmo sgorga, a mio parere, dagli antichi torti e dal cordoglio del genere umano, e il polso stesso del mondo batte sulla superficie di questo progetto.

BIOGRAFIE

SALVADOR ALLENDE (Valparaíso 1908 – Santiago de Chile 1973)

Tra i fondatori del Partito socialista cileno (1933), deputato dal 1937. Eletto presidente della Repubblica nel settembre 1970. Nel settembre 1973 un colpo di stato sostenuto dai servizi segreti statunitensi e condotto da militari cileni lo depone. Allende trova la morte nella mattina dell'11 settembre 1973, durante l'assalto dei militari ribelli al palazzo presidenziale.

YASSIR ARAFAT (Ramallah 1929 – Parigi 2004)

Fondatore e leader del movimento di liberazione palestinese al-Fatah. Dapprima sostenitore di una linea terroristica nella lotta contro Israele poi, negli anni Ottanta, progressivamente favorevole a un confronto politico. Nel 1993 firma un'intesa per l'avvio del processo di pace. Insignito del premio Nobel per la pace nel 1994 insieme a Yitzhak Rabin, nel 2000 rifiuta le condizioni di pace. Sostenitore della seconda Intifada (iniziata nell'ottobre 2000), la sua rete di rapporti internazionali viene lentamente meno mentre gran parte della comunità internazionale lo ritiene incapace di tenere a freno gli attacchi terroristici e il ritorno della pratica dell'attacco ai civili. Muore a Parigi in una condizione di sostanziale isolamento politico anche interno.

WINSTON LEONARD SPENCER CHURCHILL (Blenheim Palace, Oxfordshire 1874 – Londra 1965)

Politico inglese e storico, prima conservatore poi liberale, più volte membro del governo come sottosegretario e ministro, nel 1937 fu contrario alla politica dell'*Appeasement* con la Germania. Nominato primo ministro nel maggio 1940, resse le sorti del governo per tutta la durata del conflitto. Sostenitore della guerra fredda negli anni Cinquanta. Premio Nobel per la letteratura nel 1953.

GABRIELE D'ANNUNZIO (Pescara 1863 – Gardone Riviera, Brescia 1938)

Poeta, prosatore e drammaturgo. Interventista, più volte decorato per azioni di guerra, fu l'ispiratore e il comandante dell'occupazione di Fiume (settembre 1919 – dicembre 1920), di cui auspicava l'annessione all'Italia.

MOHANDAS KARAMCHAND GANDHI (Porbandar 1869 – Nuova Delhi 1948)

Politico e leader spirituale indiano. Nel 1906 lanciò la prima campagna fondata sul satyagraha (lett.: «stretta adesione alla realtà») e sulla pratica della disobbedienza civile non violenta che costituì poi la linea principale della sua proposta di lotta politica. Convinto sostenitore della non divisione dell'ex impero indiano tra India, a maggioranza indù, e Pakistan, a maggioranza musulmana, fu ucciso nel gennaio 1948 da un fanatico indù.

GIOVANNI XXIII (Angelo Roncalli, Sotto il Monte, Bergamo 1881 – Roma 1963)

Papa dal 28 ottobre 1958 al 3 giugno 1963. A lungo impegnato in attività diplomatica (prima come visitatore apostolico in Bulgaria tra il 1925 e il 1935; poi delegato apostolico in Turchia tra il 1935 e il 1944, poi nunzio a Parigi tra il 1944 e il 1953), poi Patriarca di Venezia (1953-58). Impegnato in una politica del dialogo cristiano, promosse la convocazione del Concilio ecumenico Vaticano II, con lo scopo di consolidare il dialogo intercristiano, favorire l'apertura e il confronto con il mondo ebraico, chiamare i cristiani all'impegno per la pace su cui si impegnò con la promulgazione dell'enciclica *Pacem in terris* (11 aprile 1963), che può considerarsi il suo testamento spirituale.

GIOVANNI PAOLO II (Karol Wojtyla, Wadowice, Cracovia 1920 – Roma 2005)

Dapprima arcivescovo di Cracovia nel 1967, eletto cardinale e poi Papa il 16 ottobre 1978. Con discorsi e soprattutto con i suoi viaggi pastorali il pontificato di Giovanni Paolo II manifestò le linee programmatiche per la possibilità di un nuovo «risveglio cristiano»: intervento dottrinale e disciplinare all'interno della Chiesa e impegno al dialogo universale sui temi della pace, del lavoro e della giustizia. Fortemente orientato verso una visione tradizionale dell'etica e della morale, favorevole al dialogo interconfessionale e interreligioso, sia con il mondo ebraico sia con il mondo islamico. Particolarmente orientato a favore dell'azione di pace e contrario all'intervento militare contro cui si espresse sia nella Guerra del golfo (gennaio-marzo 1991) sia in occasione dell'intervento in Irak (febbraio-marzo 2003).

ERNESTO *CHE* GUEVARA (Rosario, Argentina 1928 – Higueras, Bolivia 1967)

Politico e rivoluzionario sudamericano. Contrario al regime di Juan Domingo Perón (1895 – 1974), abbandona nel 1953 l'Argentina. Incontra Fidel Castro in Messico nel 1955 e si unisce a lui nella sollevazione a Cuba contro il dittatore Batista. Presidente della Banca centrale cubana dopo la vittoriosa rivoluzione e poi ministro dell'Industria (1961). Nel 1965 abbandona Cuba per riprendere la sua attività di guerriglia in America Latina. Catturato e ucciso da miliziani boliviani nell'ottobre 1967.

VÁCLAV HAVEL (Praga 1936 – vivente)

Drammaturgo e pensatore politico ceco. Impegnato fin dagli anni Sessanta nella riflessione pubblica sui diritti civili e sulla libertà di espressione. Dissidente negli anni dell'occupazione sovietica della Cecoslovacchia successivamente all'invasione militare dell'agosto 1968. Fondatore del movimento di opposizione Charta 77. Presidente della Repubblica ceca dal febbraio 1993 al febbraio 2003.

JOHN FITZGERALD KENNEDY (Brooklin, Massachussets 1917 – Dallas 1963)

Trentacinquesimo presidente degli Stati Uniti. Deputato (1946, 1948 e 1950) e senatore (1952 e 1958), eletto presidente nel 1960. Favorevole a una politica di intervento economico all'interno degli Stati Uniti e, in politica estera, promotore di una uscita lenta dalla guerra fredda, della possibilità del confronto con l'Urss e del rafforzamento – contemporaneamente – dell'alleanza atlantica. Favorevole anche a un intervento equilibratore e di cooperazione nei confronti delle realtà politiche dell'America Latina. Ucciso da un attentato i cui contorni non sono mai stati definitivamente chiariti.

MARTIN LUTHER KING (Atlanta 1929 – Memphis 1968)

Pastore battista afroamericano. Fonda nel 1957 la Southern Christian Leadership Conference. La sua azione è ispirata dalla convinzione che l'appello alla migliore natura dell'uomo, implicito nel Vangelo della nonviolenza, consentisse di risolvere il problema dei neri d'America. Premio Nobel per la pace nel 1964. Assassinato nell'aprile 1968.

MALCOLM X (Omaha, Nebraska 1925 – Harlem, New York 1965)

Pseudonimo di Malcolm Little. Sostenitore e aderente

alla Nazione dell'Islam, il movimento dei musulmani neri che rilanciava in termini di radicale separatismo il nazionalismo dei neri d'America. All'inizio del 1964 prese le distanze dalla Nazione dell'Islam per assumere una visione più apertamente internazionalista, democratica e sociale. Ucciso in un attentato.

NELSON MANDELA (Qunu, Transkei 1918 – vivente)
Nel 1944 fonda una lega giovanile affiliata all'African National Congress (ANC), di cui diviene vicepresidente nazionale nel 1952. Nel 1962 è catturato dalla polizia, processato, giudicato colpevole di cospirazione e alto tradimento e condannato all'ergastolo. Liberato nel 1990 dal presidente Frederik De Klerk (1936 – vivente), contribuisce con De Klerk all'abolizione dell'apartheid. Premio Nobel per la pace nel 1993, presidente della Repubblica Sudafricana tra il 1994 e il 1999.

FILIPPO TOMMASO MARINETTI (Alessandria d'Egitto 1876 – Bellagio, Como 1944)
Creatore del movimento futurista, favorevole all'ingresso dell'Italia nella Prima guerra mondiale e sostenitore del fascismo. Dal 1929 accademico d'Italia e segretario del sindacato degli scrittori.

YITZHAK RABIN (Gerusalemme 1922 – Tel Aviv 1995)
Militare e politico israeliano. Capo di stato maggiore dell'esercito israeliano durante la Guerra dei sei giorni (5-10 giugno 1967). Leader del partito laburista, primo ministro dal 1974 fino al 1977. Ministro della Difesa nel 1984-90. Eletto di nuovo primo ministro nel 1992, avviò con Shimon Peres (1923-vivente) il processo di pace israelo-palestinese, sottoscritto in forma solenne il 13 settembre 1993 alla Casa Bianca. Premio Nobel per la pace con il leader palestinese Arafat e Shimon Peres, fu ucciso da un estremista ortodosso ebreo israeliano per la sua politica di pace.

FRANKLIN DELANO ROOSEVELT (Hyde Park, New York 1882 – Warm Springs, Georgia 1945)

Trentaduesimo presidente degli Stati Uniti. Sostenitore di una politica di intervento dello stato in economia per favorire la ripresa economica e sociale, e favorevole al sostegno delle democrazie contro la minaccia del nazismo e del fascismo, fino all'ingresso diretto a fianco della Gran Bretagna dopo l'attacco giapponese alla base navale di Pearl Harbour (7 dicembre 1941).

ANWAR AL-SADAT (Mit abu-I-Kawm, Basso Egitto 1918 – Il Cairo 1981)

Politico egiziano, prese parte al movimento insurrezionale che nel 1952 rovesciò la monarchia e instaurò la repubblica. Eletto vicepresidente, succedette a Nasser (1918 – 1970) al momento della sua morte. Tra le sue scelte politiche più importanti: la rottura dell'alleanza egiziano-sovietica; il lancio di una nuova guerra contro Israele nell'ottobre 1973; l'avvio di trattative con Israele che permisero la riapertura del Canale di Suez (1975); la firma degli accordi di Camp David che segnavano la fine del conflitto con Israele e il ritorno sotto il controllo egiziano dell'intera penisola del Sinai. Premio Nobel per la pace con il primo ministro israeliano Menachem Begin (1913 – 1992), fu ucciso da un gruppo di integralisti islamici nell'ottobre 1981.

ANDREI DMITRIEVIČ SAKHAROV (Mosca 1921 – ivi 1989)

Fisico. Fu lo scienziato che mise a punto la realizzazione della bomba all'idrogeno sovietica. Membro dell'Accademia delle scienze dell'Urss, nel 1957-58 contestò gli esperimenti nucleari sovietici a scopo bellico. Critico della politica repressiva del regime sovietico, fonda ncl 1970 il comitato per i diritti civili. Insignito del premio Nobel per la pace nel 1975, gli fu impedito dal governo del suo paese di ritirarlo. Nel 1980, confinato a Gorki. Riabilitato nel 1986 da Gorbačëv, fu eletto deputato nel 1989.

THOMAS WOODROW WILSON (Staunton, Virginia 1856 – Washington 1924)

Ventottesimo presidente degli Stati Uniti (1912-1920). Sostenitore di politiche antitrust e liberiste nonché del progetto di una lega mondiale di natura pacifica.

SOMMARIO

Finito di stampare nell'aprile 2006 presso
Grafica Veneta - via Padova, 2 - Trebaseleghe PD
Printed in Italy

pillole BUR

I 36 STRATAGEMMI
A cura di L.V. Arena

C. Baudelaire
I FIORI DEL MALE

Euripide - Seneca
IL MITO DI MEDEA

S. Kierkegaard
SUL MATRIMONIO

G. Leopardi
CANTI

N. Machiavelli
IL PRINCIPE
con testo a fronte in italiano corrente a cura di P. Melograni

M. Musashi
IL LIBRO DEI CINQUE ANELLI

P. Neruda
POESIE

B. Pascal
PENSIERI

Plutarco
CONSIGLI D'AMORE

LA REGOLA CELESTE – IL LIBRO DEL TAO
a cura di P. Ruffilli

Seneca
L'ARTE DI VIVERE

Seneca
LA VITA FELICE

Sofocle – Seneca
IL MITO DI EDIPO

Sun-tzu
L'ARTE DELLA GUERRA

Y. Tsunetomo
HAGAKURE – IL CODICE DEI SAMURAI